KB184112

초예측
트럼프 2.0
새로운 시대

일러두기

- 이 책은 도널드 트럼프가 미국의 제47대 대통령으로 당선될 것을 전제로 경제, 정치, 사회 등 전반에 걸쳐 우리가 마주할 미래에 대해 유발 하라리, 폴 크루그먼, 짐 로저스, 폴 댄스, 이안 브레머, 제프리 삭스, 존 볼튼, 자크 아탈리와의 대담을 정리한 것이다.

- 인명은 가능한 외래어 표기법을 따랐으나 국내에서 널리 쓰이는 표기가 있을 경우 이를 우선했다.

새로운 룰이 지배하는 뉴 트럼프 시대의 탄생

초예측

트럼프 2.0
새로운 시대

유발 하라리, 폴 크루그먼, 짐 로저스 외 지음
오노 가즈모토 엮음 | 이정미 옮김

한스미디어

새로운 룰이 지배하는
뉴 트럼프 시대의 탄생

전문가와 일반 대중의 예상을 뒤엎고 미국 제47대 대통령으로 트럼프가 다시 한번 당선되면서 전 세계가 긴장하고 있다. 경제와 사회는 물론 주요 지정학적 역학 관계의 변화에 따라 국가 간의 이해가 극도로 엇갈릴 것이기 때문이다. 다른 한편으로 트럼프가 처음 대통령으로 당선되었던 1기 트럼프 시대가 전혀 예측 불가능한 미지의 시기였다면 다가올 2기 트럼프는 일정 부분 예측과 대응이 가능하다는 측면에서 전문가의 분석과 전망의 중요성이 더해진다.

다시 한번 마주하게 된 트럼프의 시대, 트럼프 2.0의 세상에서는 무엇이 달라질 것인가? 우리는 어떤 위기와 기회를 마주할 것인가? 경제와 금융의 혁신적 변화에서부터 새로운 국제 질서 재편에 이르기까지 시대의 파괴적 변곡점에서 우리는 어떤 기회를 포착할 것인가?

《초예측 트럼프 2.0 새로운 시대》는 이러한 질문에 대한 해답을 얻기 위한 노력의 결과물로, 새로운 룰이 지배할 뉴 트럼프 세계의 모습을 8인의 지성이 철저하게 분석한 책이다. 그들의 심도 깊은 인사이트는 북대서양조약기구(NATO) 등의 안전 보장 체제, 러시아·우크라이나 전쟁, 미·중 관계, 달러 강세와 엔화 약세, 딥 스테이트와 공무원 제도 개혁 그리고 인류의 미래 등 다양하게 걸쳐져 있다.

그 첫 장은 세계적인 역사학자이자 베스트셀러 작가인 유발 하라리 교수로부터 시작한다. 이스라엘 히브리대학교에서 역사학을 가르치고 있는 유발 하라리는 기로에 선 21세기 사피엔스를 위해 인류의 과거와 미래 그리고 현재를 탐색한 '인류 3부작'《사피엔스》,《호모 데우스》,《21세기를 위한 21가지 제언》이 글로벌 베스트셀러가 되면서 '21세기 사상계의 신데렐라'로 떠오른 인물이다. 역사학, 생물학 등 문리(文理)의 벽을 넘은 박식함을 자랑하고 '세계에서 매우 영향력 있는 지식인'이라 불리는 그에게 앞으로의 세계가 어떻게 변화할지에 대한 이야기를 들어보았다.

트럼프 2.0 시대의 경제 전망에 관해서는 노벨경제학상에 빛나는 폴 크루그먼 교수에게 물었다. 그는 세계에서 가장 영향력 있는 경제학자 중 한 명으로, 현재 뉴욕시립대학교 대학원 센터의 교수이자 〈뉴욕타임스〉의 칼럼니스트로 활동 중이다. 크루그먼은 트럼프가 소득세를 인하하고 이를 관세로 충당하겠다고 선언했는데, 이것이 과연 가능한 일인지, 2기 트럼프 행정부에서 연방준비제도이사회(FRB)와 중국에는 어떤 태도를 취할지 그리고 미국 민주주의의 위기가 어떻게 전개될지 그만의 빛나는 인사이트를 들려주었다.

짐 로저스는 워런 버핏, 조지 소로스와 함께 '세계 3대 투자가'로 불린다. 리먼브라더스 쇼크와 중국의 대두, 트럼프 대통령 당선 등 온갖 미래를 정확하게 내다봤던 짐 로저스가 미국 경제의 미래와 함께, 중국 경제는 불황에서 회복할 수 있을 것인지, 어느 나라의 주식에 주목해야 할 것인지 등에 관해 이야기한다. 미시와 거시를 아우르는 양 시점에서 '돈의 흐름'을 꿰뚫어 보는 짐 로저스의 이야기를 들어본다.

'프로젝트 2025'는 도널드 트럼프가 대통령으로 돌아올 것에 대비해 정권 이행을 차질 없이 수행하기 위한 구상이다. 폴 댄스는 로널드 레이건 대통령 이후 공화당 정권의 정책을 지지해온 보수 성향의 정책 연구소 '헤리티지재단'에서 시작된 이 프로젝트의 총책임자다. 그는 4장 '어둠의 정부를 없애고 정부를 민주화하라'를 통해 공무원 제도 개혁을 중요한 공약으로 내세우고 있는 트럼프가 미국 정부를 어떻게 바꾸려는 것인지 알려준다.

이안 브레머는 글로벌 정치 리스크 연구 및 컨설팅 기업 유라시아그룹의 설립자 겸 회장으로, 국제 정치 질서에서 리더가 사라지는 'G-Zero(지-제로)' 개념, 특정 국가의 개방성과 안정성과의 상호관계를 보여주는 'J-Curve(제이 커브)' 개념을 제시한 것으로 유명하다. 유라시아그룹이 '세계 10대 위험 요인'을 통해 발표한 2024년 세계 위험 요소 1위에는 '자신과 싸우는 미국'이 꼽혔다. 미국 내에서 정치적 분열이 심화되고 국제 사회에서 미국이 신뢰성을 잃으며 세계가 불안정해질 위험이 있다는 것이다. 이안 브레머의 눈을 통해 트럼프 2.0의 세계 질서는 어떻게 재정립될 것인지 알아본다.

미국의 시사 주간지 〈타임〉의 '세계에서 가장 영향력 있는 100인'에 2회에 걸쳐 선정된 바 있는 컬럼비아대학교의 제프리 삭스 교수는 개발도상국의 경제를 재건하기 위해 '임상 경제학'을 적용하여 인류의 평등을 이뤄내고자 하는 등 극도의 빈곤 문제를 해결하는 데 앞장서왔다. '세계에서 매우 중요한 경제학자'라고 평가받는 제프리 삭스에게 트럼프 2.0 시대의 정치를 물었다.

존 볼턴은 2018년 4월부터 2019년 9월까지 트럼프 정권하에서 백악관 국가안전보장회의(NSC) 보좌관을 지내며 미국의 외교 및 안전 보장 정책을 담당했던 인물이다. 공화당에서 으뜸가는 강경파이자 대북 제재에 앞장섰던 인물로도 유명한 존 볼턴은 7장 '트럼프, 독재자의 들러리가 되다'에서 트럼프가 다시 대통령 자리로 돌아온다면 미일 동맹과 북대서양조약기구(NATO)는 위기에 빠질 것인지, 푸틴과 시진핑, 김정은은 트럼프를 어떻게 보고 있을지, 우크라이나와 가자 지구에서 벌어지고 있는 전쟁은 어떻게 될 것인지 등 자신만의 독특한 견해를 피력한다. 트럼프의 외교를 가장 가까이에서 지켜봤던 존 볼턴의 말이기에 귀담아들을 만한 가치가 있을 것이다.

　자크 아탈리는 프랑스의 경제학자이자 사상가로 미테랑 대통령의 정책 고문을 10년간 맡아왔으며 유럽부흥개발은행 초대 총재로서도 활약했다. 그는 2016년 저서 《자크 아탈리의 미래 대예측》에서 러시아의 우크라이나 침공을 완벽하게 예측한 것으로 유명하다. 세계대전이 일어날 가능성이 얼마든지 있다고 말하는 자크 아탈리가 다시 맞는 트럼프 시대의 국제 정치 관계에 관해 이야기한다.

　트럼프 2.0의 핵심 키워드는 '불확실성'이다. 그리고 지금 우리에게 가장 필요한 해답은 '불확실성이 커져가는 세계에서 어떻게 살아가야 할 것인지'이다. 모쪼록 앞으로의 미래에 대비하기 위해서 혜안을 갖춘 8인의 분석과 예측을 들어보고 생존에 필요한 해답의 실마리를 찾기를 바란다.

차례

Chapter 2　폴 크루그먼

트럼프발 경제 전쟁?
다시 19세기로 돌아갈 수는 없다

Chapter 3 짐 로저스

미국은 충격적인 금융 위기를 맞이할 것이다

'어둠의 정부'를 없애고
정부를 민주화하라

Chapter 5   이안 브레머

미국의 적은 미국이다

Chapter 6 제프리 삭스

'미국 주도의 세계'는
더 이상 유효하지 않다

Chapter 7 존 볼턴

트럼프, 독재자의 들러리가 되다

Chapter 8 자크 아탈리

새로운 전쟁은 어디에서 터질 것인가

Chapter 1

세계 질서는 종말을 맞이한다

유발 하라리

Yuval Noah Harari

●

이스라엘의 역사학자·철학자, 현 예루살렘 히브리대학교 교수. 1976년생으로 옥스퍼드대학교에서 중세사·군사사(軍事史)를 전공하였고, 2002년에 박사 학위를 취득했다. 기로에 선 21세기 사피엔스를 위해 인류의 과거와 미래 그리고 현재를 탐색한 '인류 3부작' 《사피엔스》, 《호모 데우스》, 《21세기를 위한 21가지 제언》이 전 세계 50여 개국에서 출간되어 글로벌 베스트셀러가 되면서 '21세기 사상계의 신데렐라'로 떠올랐다. AI 혁명의 의미와 본질을 꿰뚫어 보고 인류에게 남은 기회를 냉철하게 성찰하는 2024년 신간 《넥서스》 역시 베스트셀러로 폭넓은 독자의 사랑을 받고 있다.

이스라엘 히브리대학교에서 역사학을 가르치고 있는 유발 하라리 교수는 《사피엔스》라는 책으로 전 세계의 주목을 받았다. 수많은 종의 원시 인류 중에서 왜 연약한 호모 사피엔스만이 살아남아 오늘날과 같은 번영을 누리고 있을까. 이는 호모 사피엔스만이 '허구를 믿는' 특수한 능력을 가졌기 때문이라는 시점에서 그는 장대한 인류사를 풀어나갔다.

더불어 인류의 미래를 그린 《호모 데우스》, 현재의 인류가 직면한 주제를 논한 《21세기를 위한 21가지 제언》도 세계적인 베스트셀러에 올랐다.

역사학, 생물학 등 문리(文理)의 벽을 넘은 박식함을 자랑하고, '세계에서 매우 영향력 있는 지식인'이라 불리는 그에게 앞으로 세계가 어떻게 변할지에 대한 이야기를 들어보았다.

경고에도 아랑곳하지 않았던
네타냐후

인류의 생존을 위협하고 있는 난관에는 세 가지가 있습니다.

첫째는 생태계의 파괴입니다.

그다음으로는 AI와 같은 기술에 의한 파괴이지요.

그리고 마지막 세 번째가 세계적인 규모의 전쟁입니다.

저는 이스라엘 사람이기에 우선 2023년 10월 7일에 일어난 하마스의 이스라엘 기습 공격에 관해서 이야기하고 싶습니다.

기습 공격이 있기 몇 개월 전부터 비밀 기관과 군대, 신베트 (모사드와 비견할 만한 이스라엘 국가 정보기관 중 하나. 주로 국내 방첩 활동을 한다)는 네타냐후 총리에게 이렇게 경고했습니다.

"이스라엘은 지금 매우 위험한 상태다. 하마스와 레바논 헤즈볼라의 위협에 집중해야 한다."

하지만 우리가 지금 얼마나 위험한 상태에 있는지 아무리 이야기해도 네타냐후 총리는 전혀 듣지 않았습니다. 이스라엘 국방군 참모총장이 정부의 정책이 불러올 치안상의 위험을 알리기 위해 회견을 요구했지만, 네타냐후는 만남 자체를 거부했지요. 나아가 요아브 갈란트 국방 장관이 경고의 목소리를 높이자 네타냐후는 그를 경질시키기까지 했습니다(이후 시민들의 반대에 부딪혀 경질은 철회되었다).

왜 네타냐후와 그의 측근들은 이들의 이야기를 듣지 않았을까요.

그 이유는 이스라엘 국방군(IDF)과 신베트의 총책이 반이스라엘 성향의 '딥 스테이트(deep state, 불량 관료, 주류 엘리트 기득권 집단-옮긴이)' 매국노라는 신념을 가지고 있기 때문입니다. 그들은 공적인 자리에서도 서슴없이 이와 같은 발언들을 해왔습니다.

2022년 12월에 수립된 네타냐후의 연립 정부는 구세주 메시아를 숭배하는 광신도들과 후안무치한 기회주의자들의 동맹입니다. 그들은 하마스와 헤즈볼라에 대항해 싸우는 것보다 사법 제도 개혁을 우선하며 자신들이 권력을 가지는 데에만 급급했던 탓에 하마스의 기습 공격을 막아내지 못했습니다.

최악의
내셔널리즘이란

내셔널리즘에는 좋은 의미의 내셔널리즘과 나쁜 의미의 내셔널리즘이 있습니다.

가장 이상적인 내셔널리즘은 자기 나라의 독자성을 인정하는 자세로, 자국의 전통과 문화 등을 더욱 발전시켜 나가는 태도를 가리키지요.

반면 최악의 내셔널리즘은 '우리는 특별할 뿐 아니라 그 어느 민족보다 우수하다'는 우월감에 빠지는 것입니다.

지금 이스라엘에는 유대인에 대한 우월감이 만연해 있습니다. 이 잘못된 우월감이 정부에도 퍼져 있는 것이지요. 이스라엘에는 기본적으로 세 종류의 계급이 있는데 가장 높은 위치에 있는 자들이 유대인으로서 모든 권리를 누리고 있습니다. 이것이 네타냐후 정부의 중심을 이루고 있는, 구세주 메시아를 숭배하는 유대인 지상주의 사상이지요. 우리가 이 사상을 저지하는 데 실패하고, 그들이 이 사상을 현실화하는 데 성공한다면 전 세계에 퍼져 있는 유대교의 의미 자체를 바꿔놓을 것입니다.

한편으로는 어떻게 해야 현재 팔레스타인과 이스라엘의 권리를 조화롭게 보장할 수 있을지가 문제가 되고 있습니다.

저는 팔레스타인 사람이 자국에서 존엄하게 생활할 수 있는 권리를 갖는 데 찬성합니다. 그리고 동시에 이스라엘 사람이 자국에서 존엄하게 생활할 수 있는 권리를 갖는 데에도 찬성합니다. 두 나라 사람이 동시에 각자의 권리를 갖는 데 전혀 문제가 없다고 보는 것입니다.

이른바 두 국가 해법을 말하는 것으로 여기에는 그 어떤 논리적 모순도 존재하지 않습니다.

이스라엘을 지키는 데 찬성한다고 해서 팔레스타인이 겪

을 심각한 고통을 무시할 수는 없습니다. 마찬가지로 팔레스타인의 권리를 인정한다고 해서 이스라엘을 완전히 파괴하는 데 동의할 수는 없지요.

3차 세계대전은
이미 시작됐다?

현재 지정학적으로 볼 때 가장 중요한 전쟁은 러시아·우크라이나 전쟁입니다.

도널드 트럼프는 자신이 대통령이 된다면 바로 전쟁을 끝낼 수 있다고 말하지만, 이것은 블라디미르 푸틴의 승리로 끝나는 전쟁을 의미하지요.

저는 단언합니다.

만일 이 전쟁을 러시아의 승리로 끝낸다면 과거 수십 년에 걸쳐 우리가 이해하고 있던 '세계의 질서'는 결정적인 붕괴의 시기를 맞을 것이며, 평화와 번영의 시대는 이제 막을 내릴 것입니다. 지금 푸틴이 하려는 일은 역사적으로 볼 때 과거 로마 제국과 오스만 제국, 혹은 제국주의 국가가 추구하던 방향과 완전히 똑같습니다.

현재 국제 사회는 단순히 자국의 힘이 세다고 해서 주변국 혹은 다른 나라를 침략하거나 병합해서는 안 된다는 기본적인 규칙을 따르고 있습니다.

하지만 만약 러시아가 이긴다면 푸틴의 방식이 새로운 기준(new normal)이 되는 것 아니냐는 공포가 전 세계에 퍼져 있지요. 이렇게 되면 세계의 군사비가 급증하고 전략적인 군사 동맹이 형성되는 등 악순환이 반복됩니다.

나아가 군사비가 늘면 교육비와 건강 분야 등에 배정된 예산이 삭감되고, 사회복지 등이 최저 수준으로 떨어지는 '바닥치기 경쟁(race to the bottom)'이 일어납니다.

역사적인 사건의 의미는 세월이 흐른 뒤에야 이해될 때가 많습니다.

우리는 독일이 폴란드를 침공한 1939년 9월 1일이 2차 세계대전의 시작이었음을 한참 뒤에서야 알게 되었지요.

마찬가지로 지금은 인식하지 못하지만, 나중에 돌아보면 러시아가 우크라이나를 침공한 2022년 2월 24일이 3차 세계대전의 시작일이 될지도 모릅니다.

트럼프 지지자들의 생각은

혁명파의 발상

원래 전쟁이 일어나면 국가 내부의 결속은 단단해지는 법인데 요즘은 그 반대입니다.

유럽도 미국도 내부의 결속이 전혀 단단해지지 않았지요. 아니 오히려 미국은 국내 분열이 점점 더 심화되고 있습니다.

제가 정치 역학 전문가는 아니어서 왜 이런 상황이 벌어지고 있는지는 잘 모르겠습니다. 저는 구체적으로 깊이 들어가면 대답을 잘하지 못한다는 비판을 자주 받는데, 그 대신 현재 일어나고 있는 현상에 대한 저의 의견을 밝히는 것은 할 수 있습니다.

원래 보수파란 현재의 제도를 유지하려고 합니다. 하지만 지금 세계에서 일어나고 있는 현상은 이와 반대지요.

다시 말해 보수파가 지금의 제도를 파괴하려고 하고 있습니다. 2021년 1월 6일 미국 국회의사당을 습격한 이들은 보수파 집단이었습니다. 보수파는 점점 더 과격해지고 있지요.

트럼프는 '미국을 다시 위대하게(MAGA, Make America

Great Again)'라는 슬로건을 내세우고 있습니다. 그리고 그의 지지자들은 "너희들은 세계화를 지지하고, 중류 계급을 무너 뜨렸으며, 이민자들을 무턱대고 수용해왔다. 하지만 그렇게 되면 우리가 대체 누구였는지를 잊어버리고 만다"라고 말하고 있지요.

보수파들은 현재 있는 여러 제도가 자신들의 가치관을 반영하지 못한다고 주장하며 과격한 태도를 보이고 있습니다.

미국의 많은 제도가 제대로 기능하지 못하고 있으므로 전부 파괴해서 하나부터 다시 세워야 한다는 이들의 발상은 더 이상 보수파의 것이 아닙니다. 혁명파의 발상이지요.

인류 멸종은
시간문제

인류의 생존을 위협하고 있는 난관에는 세 가지가 있다고 앞서 말했었지요.

첫 번째인 생태계 파괴는 이미 벌어지고 있는데, 매년 몇천에 해당하는 생물 종이 멸종하고 있습니다. 인류의 문명이 멸종 위기로 접어드는 역치를 넘기까지 그리 오랜 시간이 걸리지 않을지도 모릅니다.

두 번째 난관인 AI의 위협은 10년 전에만 해도 SF 영화에서나 볼 수 있었지만, 이제는 현실이 되고 있습니다. 기술의 급속한 발전으로 AI는 인류를 통제하는 데에서 그치지 않고 나아가 언젠가는 인류를 노예로 삼거나 파멸시킬지도 모릅니다.

아메바에서 공룡의 시대가 오기까지 몇십억 년이 걸렸는데, 여기에 견준다면 현재의 AI는 아메바 단계에 해당합니다. 다만 AI는 유기체가 아니므로 완만하게 진화하지 않고 유기체보다 몇백만 배나 빨리 진화의 과정을 거칠 것입니다. 따라서 인류가 AI의 노예가 되거나 아니면 멸종당하는 것은 어디까지나 시간문제일지도 모르지요.

그리고 마지막 세 번째 난관인 세계적 규모의 전쟁에 대해서 한마디 하자면, 앞에서도 이야기했지만, 시간이 흐른 언젠가 역사가가 지금을 되돌아본다면 2022년 2월 24일에 3차 세계대전이 시작되었다고 기록할지도 모릅니다.

Yuval Harari

3차 세계대전이
일어나지 않았던 이유

그렇다면 러시아·우크라이나 전쟁이 세계적인 규모의 전쟁으로 발전하지 않으려면 어떻게 해야 할까요.

2차 세계대전이 끝나고 세계가 대규모 전쟁을 피할 수 있었던 건 핵무기가 존재했던 덕분입니다.

하지만 민주주의 국가가 힘을 모으면 모을수록, 권위주의 국가 간의 동맹이 더욱 강화될수록 세계적인 규모의 전쟁이 일어날 위험은 커집니다.

즉, 전쟁 억지력의 일환이었던 핵무기가 실제로 전투에 사용될 가능성이 대두되는 것이지요. 만일 세계 전쟁이 일어난다면 인류의 문명은 무참히 파괴될 가능성이 매우 큽니다.

제가 생각하는 러시아·우크라이나 전쟁의 종결 방식은 유럽과 미국이 전쟁에 더 깊이 관여하여 러시아가 승리를 단념하는 단계에 왔을 때 진지하게 평화 협정을 시작하는 것입니다.

유럽과 미국이 우크라이나에 제공할 수 있는 자원은 충분히 있습니다. 러시아의 GDP는 이탈리아 GDP보다 적고 네덜란드와 벨기에 GDP를 합산한 금액과 비슷한 수준입니다. 미국과 유럽의 GDP를 합하면 러시아 GDP의 20배 이상에 달하지요.

정글은
가까이에 있었다

과거 인류에게 있어서 전쟁은 일어나는 게 당연한 것이었고, 평화는 일시적인 상태로 언제 무너져도 이상하지 않은 것이었습니다. 국제 관계는 '정글의 법칙(law of the jungle, 자연계에 존재하는 약육강식의 법칙)'이 지배하고 있었지요.

하지만 20세기 후반이 되자 전쟁은 드물어졌습니다.

그리고 많은 사람이 전쟁은 일어나지 않을 것이라고 여기게 되었지요.

하지만 푸틴은 우리가 벗어났다고 굳게 믿고 있었던 '정글'이 우리 가까이에 있음을 상기시켰습니다.

이 전쟁은 러시아의 주변국들에만 피해가 갈 것처럼 보이지만 그 여파는 세계 전체에 미치고 있습니다. 각국은 예산에서 군사비가 차지하는 비율을 서둘러 올리기 시작했지요.

우크라이나 전쟁은 비정상적인 사건일까요. 아니면 인류에게 일어나는 보편적이고 표준적인 사건일까요.

만일 이것이 보편적인 현상이라면 우크라이나가 전쟁에서 이긴다고 해도 앞으로 틀림없이 이와 같은 전쟁은 계속 반복될 것입니다.

그러면 '정글의 법칙'이 다시 활개를 치며 인류는 쇠퇴하고 말겠지요. 마치 열대우림에서 균류와 식물, 동물 등 유기체가 패권을 두고 다투면서 공생을 내던져버리면 열대우림 전체가 피폐해지듯이 말입니다.

약육강식의
세계로

인류의 역사를 되짚어보면 로마 제국뿐 아니라 당시 모든 나라의 군사비는 국가 예산의 절반 이상을 차지했습니다. 영국의 군사비는 1차 세계대전 당시 국가 예산의 절반 정도였고, 2차 세계대전 때에는 70%에 달했지요. 하지만 21세기 초, 군사비는 국가 예산의 7% 정도가 되었고, 건강 분야에 대한 예산은 10%에 도달했습니다. 현재 세계 대부분의 나라가 군사보다 건강에 더 많은 돈을 투자하게 된 것은 인간이 의도적으로 더 나은 선택을 해온 결과입니다.

러시아의 군사비는 국가 전체 예산의 30%에 달합니다. 지금 푸틴을 막지 않으면 파괴적인 '자기실현적 예언(근거 없는 믿음일지라도 믿음으로써 실제로 그 일이 일어난다는 개념)'이 이루어져서 최후에는 약육강식의 세계만이 남을 것입니다.

전쟁도 평화도
인류의 선택

저는 역사적인 사건은 다양한 사회적·정치적·경제적 조건들에 의해 필연적으로 일어나거나 혹은 통제된다고 보는 '역사적 결정론'을 믿지 않습니다.

전쟁이든 평화든 그것이 불가피한 선택이라고 믿지 않는다는 뜻이지요. 적어도 AI에 완전히 점령당하기 전까지는 전쟁도 평화도 인류가 선택할 수 있다고 생각합니다.

우리는 전쟁을 선택할 필요가 없습니다.

전쟁이란 인류가 만들어낸 신화적 내러티브(이야기)를 둘러싸고 일어날 뿐입니다.

팔레스타인 사람도, 이스라엘 사람도 식량과 영토를 두고 전쟁을 하는 것이 아닙니다. 그들은 상상 속 이야기를 가지고 싸우는 중이지요. 지중해와 요르단강 사이에는 모두가 충분히 먹을 만큼의 식량이 있고, 집과 학교와 병원을 짓기에 충분한 땅이 있습니다. 그런데도 그들은 여전히 싸우고 있지요. 영토와 식량이 목적이 아니기 때문입니다.

이슬람교도들은 '바위의 돔(Dome of the Rock, 예루살렘에 있는 건축물로 이슬람교의 성지. 내부 한가운데에는 이슬람교도들이 신성시하는 거대한 바위가 있다.-옮긴이)' 밑에 있는 '성스러운 바위(Holy Rock)'가 세계에서 가장 신성한 곳이라고 믿고 있습니다. 이 역시 상상 속의 이야기입니다. 자신들이야말로 신에게 성스러운 바위를 소유할 권리를 부여받았다고 믿는 것입니다.

20세기를 움직인 건
세 가지 이야기

저는 역사가의 입장에서 인간의 사고를 형성하고 20세기의 역사를 움직였던 원동력은 세 가지의 장대한 이야기였다고 생각합니다.

바로 '파시즘, 코뮤니즘(공산주의), 리버럴리즘(자유주의)'이 그것이지요.

리버럴리즘을 제외한 다른 두 이야기는 세상에 전쟁은 불가피하다는 입장입니다.

파시즘은 국가 간, 인종 간의 대립이라는 관점에서 역사를 바라봅니다. 또한 한 집단이 다른 모든 집단을 힘으로 정복하여 지배하는 세상을 꿈꾸지요. 따라서 '대립은 불가피하며, 막을 수 없다. 한 국가가 전 세계를 정복하면 그제야 모든 대립이 끝난다'고 생각합니다.

코뮤니즘도 비슷한 주장을 펼칩니다. '역사는 대립을 피할 수 없다. 국가 간의 대립만이 아니다. 국가 간의 대립은 하나의 위장이며 실체는 계급 간, 지배자와 피지배자 간의 대립이다'

라고 여깁니다. 비록 자유가 희생될지라도 중앙집권적 사회 제도를 통해 평등이 확보되는, 모든 집단이 하나로 통일되는 세상을 꿈꿉니다. 그리고 '평화는 단 하나의 계급만 남았을 때 찾아온다'고 보지요.

하지만 세 번째 리버럴리즘은 앞선 두 이야기와 다른 관점을 갖고 있습니다. 말하자면 '세계는 대립하지 않는다'고 생각하지요. '어떤 나라든, 계급이든 공통적인 경험이 있다. 이 점에 눈을 돌리면 대립의 역사가 아니라 협력의 역사가 만들어진다'는 사고방식이 바탕에 있습니다.

예를 들어 만일 우주에서 화성인이 공격해 온다면 곳곳에서 대립했던 지구인들은 갑자기 태도를 바꾸고는 모두 힘을 합쳐 외계의 침략에 맞설 것입니다. 그렇다면 지금 인류의 생존을 위협하고 있는 기술의 진보를 화성인의 침입이라고 생각한다면 어떨까요. 원래 AI는 'artificial intelligence(인공지능)'의 약자인데 저는 이를 'alien intelligence(외계인의 지능)'라고 말하는 것이 훨씬 정확하다고 생각합니다. 아니면 'alien invasion(외계인의 침략)'도 좋고요.

이야기란
예측 불가능하며 불합리한 것

예전에 정치학자 프랜시스 후쿠야마는 《역사의 종말》이라는 저서에서 민주주의가 승리하고 안정된 세계가 형성되어 전쟁과 대립은 더 이상 일어나지 않으리라고 주장했습니다.

하지만 실제로는 그렇지 않았습니다.

세계는 자꾸만 불안정해져가고 여전히 전쟁이 일어나고 있지요.

왜 지금 전쟁이 일어나고 있을까요.

이런 질문을 받을 때가 많은데 저는 역사를 인과관계라 보는 쪽은 아니기 때문에 이에 대한 답은 드릴 수가 없습니다. 지금도 저는 왜 파시즘이 1930년대에 대두했는지 잘 모르겠습니다.

왜냐하면 역사적인 사건의 대부분은 객관적이고 물질적인 조건에 의해 일어나는 것이 아니라 우리의 상상 속 이야기에 의해 일어나기 때문입니다.

이야기란 매우 강력한 역사의 원동력으로서 예측 불가능

하며 때로는 매우 불합리한 경향을 보이지요.

AI의 발달이
전제 국가를 키운다

지금 제가 확실하게 말할 수 있는 사실은 AI와 기술이 발달하면 할수록 전제 국가가 나타날 가능성이 커진다는 점입니다. 판옵티콘(Panopticon, 감시 체제)과 같은 방식으로 국민을 감시할 수 있기 때문이지요.

트럼프가 대통령이 된다고 곧바로 미국이 선진적인 기술을 구사하는 전제 국가가 되리라고 생각하지는 않지만, 적어도 지금보다는 훨씬 독재적인 나라가 될 것임은 틀림없습니다.

제가 가장 우려하는 부분은 결혼 제도를 비롯한 각종 제도를 파괴하고 악용하는 것입니다.

그중 가장 심각한 문제는 사법 제도의 악용입니다.

트럼프는 대통령의 권한을 악용하여 자신의 어젠다에 반대하는 이들을 아주 사소한 이유를 들며 고소할지도 모릅니다.

바이든 대통령은 취임 당시 통합(unity)을 강력하게 내세웠지만 실제로는 그 반대의 상황이 벌어지고, 미국의 분열은 심화되었습니다. 여기에 실망한 유권자들이 트럼프에게 표를 던지고, 결국 그는 다시 한번 전 세계 최강국 지도자의 자리에 오를 것으로 보입니다. 그리고 그로 인해 세계는 또다시 극심한 혼란을 겪게 될지도 모르겠습니다.

Yuval Harari

Chapter 2

트럼프발 경제 전쟁?
다시 19세기로 돌아갈 수는 없다

폴 크루그먼
Paul Krugman

●

2008년 노벨경제학상 수상자. 1953년 미국 뉴욕 출생으로 1974년 예일대학교를 졸업하고, 1977년 MIT대학에서 경제학 박사 학위를 받았다. 1982~1983년 백악관 경제자문위원회 위원으로 레이건 행정부에서 일했다. 예일·스탠퍼드·MIT대학교 경제학과 교수를 역임했고, 1991년 미국경제학회가 2년마다 40세 이하 소장 경제학자에게 수여하는 '존 베이츠 클라크 메달(John Bates Clark Medal)'을 수상하고, 2002년에는 〈에디터&퍼블리셔〉로부터 '올해의 칼럼니스트'로 선정되기도 했다. 현재 프린스턴대학교 경제학과와 외교학과(International Affairs) 교수로 있으면서 〈뉴욕타임스〉에 경제학자로서는 최초로 2주에 한 번씩 고정 칼럼을 기고 중이다. 저서로서 《대폭로》, 《팝 인터내셔널리즘》, 《경제학의 향연》, 《폴 크루그먼의 불황 경제학》, 《우울한 경제학자의 유쾌한 에세이》, 《불황의 경제학》, 《경제학의 진실》, 《경제학자들의 목소리》, 《기대 감소의 시대》 등이 있다.

● 폴 크루그먼은 세계에서 매우 영향력 있는 경제학자 중 한 명으로, 2008년에는 노벨경제학상을 수상했다. 매사추세츠공과대학교, 스탠퍼드대학교, 프린스턴대학교에서 교편을 잡았고, 현재는 뉴욕시립대학교 대학원 센터의 교수이자 〈뉴욕타임스〉의 칼럼니스트로 활동 중이다.

크루그먼은 지금 미국 경제 상황을 어떻게 보고 있을까.

트럼프는 소득세를 인하하고 이를 관세로 충당하겠다고 선언했는데 이것이 과연 가능한 일일까.

트럼프가 다시 대통령 자리에 앉게 된다면 연방준비제도이사회(FRB)와 중국에는 어떤 태도를 취할까.

금융 완화와 물가 안정 목표제(Inflation Targeting)를 주장하는 리플레이션파(경기 부양을 우선하는 진영-옮긴이)로도 잘 알려진 크루그먼에게 물었다.

Paul Krugman

이번 선거는
평범한 대통령 선거가 아니다

2024년 미국 대통령 선거는 지금까지와는 전혀 다른 선거입니다.

이번에는 '민주주의' 그 자체가 투표에 걸려 있다는 의미에서 평범한 대통령 선거가 아니지요.

대통령 선거에서 중요한 쟁점이 되는 것은 경제지만, 여러 가지 지표를 보면 지금 미국의 경제는 매우 좋은 상태입니다. 타국과 비교해 보아도 이는 틀림없는 사실이지요.

여론 조사를 봐도 대부분의 유권자는 개인적인 경제 상황과 자신이 살고 있는 지역의 경제에 대해 긍정적인 의견을 가지고 있습니다.

하지만 미국이라는 나라 전체의 경제에 대해서 물으면 최악이라고 답합니다. 이 역설을 어떻게 설명하면 좋을지는 모르겠지만, 미국 경제에 대한 국민의 부정적인 인식은 분명히 민주당에게 심각한 문제가 아닐 수 없습니다.

만일 트럼프가 승리를 거머쥐고 대통령직으로 다시 돌아온다면 무슨 일이 일어날까요.

1기 때와 비슷한 상황이 벌어질 거라며 크게 신경 쓰지 않는 사람도 많은 모양이지만 저는 그렇게 보지 않습니다.

**FRB의 독립성이
흔들릴지도**

제가 경제학자로서 매우 우려하고 있는 점은 트럼프가 달러의 가치를 내리려는 나머지, 연방준비제도이사회(FRB)의 독립성까지 침해하려 들지 않을까 하는 부분입니다.

지금은 잠잠해졌지만, 그동안 미국 국민은 인플레이션으로 크게 고통받았습니다. 인플레이션의 원인은 신종 코로나바이러스 감염증에 의한 세계적인 공급망 붕괴와 노동력 부족의 확대, 우크라이나 전쟁 등에 있었지요.

특히 2021년과 2022년에는 물가가 급등했습니다.

이에 FRB는 '양적 긴축'을 실시해 시장에 돌고 있는 자금을 줄여서 인플레이션을 억제하려고 했습니다. 2022년 6월부터 민간 금융기관에 자금을 빌릴 때 기준이 되는 정책 금리를 0.75%씩 올리기 시작했지요. 약 30년 만의 대폭적인 기준 금리 인상으로 심각한 리세션(경기 침체)이 일어날 가능성이 대두됐지만 현재로서 리세션은 일어나지 않았습니다.

FRB의 금리 인상으로 다른 나라와의 금리 차이가 벌어지면서 달러 매입이 늘어났고 이는 달러 가치의 상승으로 이어졌습니다. 그 결과 투자자들은 더 많은 이익을 내기 위해 미국으로 자금을 이동시켰고 달러 수요는 급증했습니다.

기본적으로 세계 시장에서는 달러로 결제가 이루어지기 때문에 달러가 강세로 전환되면 최종적으로는 미국의 수출 제품의 경쟁력이 약해질 수밖에 없습니다.

그리고 결과적으로 미국의 경기를 얼어붙게 만드는데, 아직 이와 같은 징후는 보이지 않고 있습니다.

여러분도 기억하겠지만 2019년에 트럼프는 "FRB는 금리를 제로 이하까지 내려야 한다"고 주장한 적이 있습니다. 만일 그가 FRB가 금리를 인상하기 시작했을 무렵에 대통령이었다면 FRB가 금리를 올리지 못하도록 간섭했을지도 모릅니다. 단기적인 정치적 이익을 위해 금융 정책을 조작하려는 시도는 충분히 일어날 수 있는 시나리오지요.

트럼프가 차기 대통령으로 뽑히면 미국 수출을 촉진하기 위해 달러 가치를 떨어뜨리는 방향으로 갈 것입니다.

뉴스에도 나왔지만, 트럼프는 2024년 4월 외환 시장에서 엔화 가치가 달러 대비 34년 만에 최저 수준을 기록하자 '미국에 대재앙'이라고 SNS에 글을 올렸습니다. 그의 불평은 달러 강세로 인해 미국 국내 제조업이 타격을 받을 것이기 때문이었지요.

트럼프는 달러 강세를 싫어하기로 유명한데 달러 가치를 떨어뜨리려는 생각은 참으로 단순하고 위험한 발상입니다. 인플레이션으로 이미 가격이 급등한 상품의 가격을 더욱 올릴 수 있기 때문이지요.

FRB의 독립성까지 해치려 한다면 이는 독재 정치와 크게 다른 바 없다고 저는 생각합니다.

환경 정책을 뒤엎는 대가로
선거 자금을 요구하다

트럼프가 돌아오면 크게 달라질 부분 중 하나가 기후변화 문제에 관한 대응입니다.

기후변화 문제에 대한 바이든과 트럼프의 입장은 정반대입니다.

바이든은 탄소 감축 산업을 지원하는 인플레이션 감축법을 제정하고, 전기자동차(EV)를 적극 지원하고 있습니다. EV를 지금보다 합리적인 가격으로 만들고, 국내 충전 인프라에 투자하고자 하며, EV 제조를 촉진하는 동시에 보유자에게 제공하는 세금 공제 혜택을 더 늘리려고 하고 있지요.

반면 트럼프는 2024년 4월에 열린 석유 회사 경영자와의 저녁 식사 자리에서 바이든의 환경 정책을 완전히 뒤엎는 대가로 10억 달러(약 1조 4,000억 원)의 선거 자금을 요구했습니다. 기후변화 문제에서 빼놓을 수 없는 부분이 재생 가능 에너지로의 전환입니다. 여기에 금전적 이해관계가 걸려 있는 석유 회사 경영자들은 관련 정책을 저지하거나 늦추기 위해 트럼프에게 막대한 선거 자금을 헌납하고 있지요.

또 트럼프는 미국 자동차 산업의 중심이 EV로 옮겨가면 멕시코와 중국 브랜드에 이익을 가져다주어서 미국 국내 자동차 고용이 축소될 가능성이 있다고도 주장하고 있습니다.

내부로부터 비난받는
바이든

국경 문제는 이번 대통령 선거의 쟁점으로서 최대의 이슈 중 하나입니다.

바이든이 대통령에 입후보했을 때 난민과 망명 희망자의 안전한 피난처(safe haven)로서 미국의 역사적 역할을 회복하고 싶다고 한 발언은 아직도 기억에 생생합니다.

그 관대한 정책의 허점을 이용하여 엄청난 숫자의 불법 이민자들이 들어왔습니다. 텍사스주에서 불법 이민자들을 버스에 태워 뉴욕시로 보냈다는 뉴스가 자주 나왔지요. 2023년 12월 멕시코 국경 부근에서 체포된 불법 이민자들은 처음으로 30만 명을 넘었습니다. 기록적인 숫자의 불법 이민자가 들어온 것입니다.

이 관용적인 국경 개방 정책을 트럼프는 통렬하게 비난했습니다. 또 ABC 방송 등이 2024년 5월에 발표한 여론 조사에 의하면 트럼프가 바이든보다 불법 이민 문제를 적절하게 판단하고 있다고 대답한 사람은 47%에 달합니다. 바이든의 대처가 적절하다고 답한 30%대에 불과했습니다.

그리고 6월 초, 바이든은 180도 돌변합니다.

멕시코 국경에서 입국한 불법 이민자가 한 주간 일 평균 2,500명을 넘을 경우 망명 신청을 거부하고 멕시코나 본국으로 즉시 송환하겠다는 행정명령에 서명한 것입니다. 지금까지는 입국 이유를 '망명'으로 주장하면 기본적으로 석방되어 심사하는 동안에는 미국에서의 일시적 체류가 허용되었는데 이제는 불가능해진 것이지요.

이는 명백하게 무당파층을 포섭하기 위한 정책 전환이었습니다. 대통령 선거를 염두에 둔 트럼프화(Trumpification)로 볼 수 있으며, 민주당 내부로부터 비난받아도 할 말이 없었지요. 바이든이 급히 진행한 이 행정명령에 대해 미국자유인권협회(ACLU)에서는 X(구 트위터)를 통해 "몇만 명의 목숨을 위기로 몰아넣었다"라고 비난하고 무효를 주장하며 소송을 벌이겠다는 방침을 내비쳤습니다.

바이든은 트럼프를 따르는 공화당 의원이 상원에서 멕시코 국경 관리를 강화하자는 데 반대하여 법안이 부결되었다고 지적하며 "트럼프는 나를 공격하기 위한 수단으로 이민자 문제를 이용하고 있다"라고 말했습니다. 하지만 또 한편으로는 "이민은 미국의 활력의 원천이다"라는 모순된 발언을 하기도 했지요.

국경 문제에 대해서는 확실히 트럼프가 바이든과 달리 일관된 모습을 보여주고 있습니다.

트럼프가 이번 선거에서 대통령에 당선되면 모든 국경 관리 정책을 부활시킬 것으로 보입니다. 구체적으로는 불법 이민에 관한 대책으로서 '미국 사상 최대의 강제 송환 작전'을 실행하겠다고 선언하고 있지요. 그 외에도 국경을 통해 위법적인 약물을 밀반입하는 범죄 조직을 몰아내기 위해 군을 투입하겠다고 말하고 있습니다.

19세기로
돌아갈 수는 없다

트럼프가 옛날부터 보호무역주의자였던 사실은 유명합니다. 북미자유무역협정(NAFTA)과 같은 포괄적 협정을 폐기해버리겠다고 하며, 협정이 노동자에게 피해를 주고 있다고 주장했지요. 또 전부터 대통령으로 돌아오면 모든 수입품에 10% 이상의 관세를 부과하겠다고 밝혔습니다. 그리고 6월에는 소득세를 관세로 대체하겠다는 생각을 내비쳤지요.

만일 이 제안이 현실화될 경우 소득세를 대체하기 위해 필요한 평균 관세는 133%가 됩니다. 미국 GDP를 차지하는 재화·서비스의 수입 비율은 약 14%이고, 연방 소득세 세수(급여세를 제외한)는 약 8%입니다. 따라서 단순하게 생각하면 소득세를 관세로 대체하려면 57%의 관세율이 필요하다는 계산이 나옵니다.

하지만 관세를 올리면 소비자들의 부담도 커질 수밖에 없어서 결국 수입 자체가 줄어듭니다. 이렇게 수입이 감소한 부분을 충당하려면 관세율을 더욱 올려야 하지요. 결국 수입은 계속 줄고, 관세율은 계속 올려야 하는 악순환에 빠지게 됩니다. 가격 탄력성을 1이라고 가정해서 계산하면 관세율은 133%가 돼야 한다는 계산이 나오지요.

19세기 미국 정부는 필요한 돈을 대부분 관세로 조달했다고 하는데, 이는 당시 정부가 지금에 비해 매우 작았기 때문에 가능했던 것입니다. 그때로 다시 돌아갈 수 있다고 믿는 것은 단순한 무지에서 비롯된 착각일 뿐이지요.

트럼프의
착각

트럼프는 대통령 1기 때 미국 무역 적자에 집착했습니다.

미국에서는 대통령이 관세율을 자유롭게 조정할 수 있는 권한을 가지고 있지요.

트럼프는 미국의 관세는 국내 소비자가 아닌 외국이 지불하는 돈이라고 생각합니다. 또한 두 나라 사이에서는 무역 수지가 가장 중요한 부분이라고 여기는 데다, 자신의 정책이 커다란 성과를 내고 있다고 착각하고 있었습니다.

이토록 정보도, 인식도 부족한 인물이 대통령을 맡은 탓에 미중 무역 전쟁이 일어난 것입니다.

이 무역 전쟁에서 승자는 없었습니다. 모든 사람이 손해를 볼 뿐이었지요.

그런데도 트럼프는 재선에 성공하면 중국으로부터 들어오는 모든 수입품에 60%의 관세를 부과하겠다고 선언하고 있습니다.

여러 가지 정책에서 트럼프와 바이든은 서로 다른 길을 걷고 있지만, 중국에 대한 입장만큼은 공통점이 많습니다. 블룸버그 통신에 따르면 바이든은 수출 블랙리스트에 더 많은 중국 기업과 개인을 추가함으로써 오히려 트럼프의 대중 제재를 능가하고 있지요.

바이든도 중국산 EV에 100% 관세를 적용하겠다고 발표해 중국으로부터 강한 반발이 예상되고 있습니다. 중국 외교부 대변인 왕원빈(汪文斌)은 기자 회견을 통해 "중국은 세계무역

기구(WTO) 협정을 위반하는 일방적인 관세 상향에 반대하며, 이에 필요한 모든 조치를 취하여 우리의 정당한 권익을 지키겠다"라고 말해 미국에 대항할 것임을 시사했습니다.

가장 두려운 것은
보복

트럼프는 자신이 대통령이 되면 '보복'을 하겠다고 말하고 있습니다. 그의 예측 불가능성을 놓고 볼 때 가장 두려운 부분이 바로 이 '보복'입니다.

트럼프는 "선거가 끝나면 그들이 한 일에 대해 그들을 추궁할 수 있는 권리가 나에게 있다"고까지 발언하고 있습니다.

구체적으로 말하자면 법무부는 행정부의 일부이므로 행정부의 최고 권위자인 대통령으로 취임한 트럼프는 반대파들을 수사하여 기소하도록 지시하고 그 지시에 따르지 않는 자는 해고할 수 있습니다. 트럼프의 어젠다에 충실히 따르지 않는 연방 공무원은 즉시 해고될 게 뻔하지요.

트럼프 1기 때는 트럼프의 충동적인 지시에 따르지 않는 사람이 많았지만 2기 때에는 지시에 따르기를 꺼리지 않는 사람이 정부에 대거 들어올 것입니다.

아시는지 모르겠지만 보수파 정책 연구소 '헤리티지재단'이 추진하고 있는 '프로젝트 2025'에서는 트럼프의 어젠다에 충실하게 따를 만한 인물들의 리스트를 만들고 있습니다. 트럼프가 승리하면 그러한 재단을 통해 많은 사람이 정권에 합류할 것입니다.

성 추문 입막음 재판에 대한
사람들의 위화감

미국의 강력한 차기 지도자임에도 불구하고 트럼프는 유죄 평결을 받거나 기각된 재판을 제외하고 두 개의 소송을 진행 중입니다.

트럼프는 정치적 반대파에 의해 의도적으로 기소된 것이 아닙니다. 미국의 민주주의와 법이 지배하는 기본적인 안정성을 위협하였기 때문에 기소된 것입니다. 우리는 이 점을 잊지 말아야 합니다.

트럼프가 성 추문 입막음을 위한 돈을 부정 처리했다는 혐의로 열린 재판에서 2024년 5월 30일 뉴욕주 지방법원의 배심원단은 이틀간의 논의 끝에 전원 일치로 유죄 평결을 내렸습니다. 미국의 전 대통령이 형사 재판에서 유죄 판결을 받은 일은 처음이지만, 트럼프가 진행 중인 다른 재판에 비하면 이는 약소한 사건에 속합니다.

트럼프가 이 재판에서 유죄를 받았다고 해도 트럼프의 굳건한 지지자들에게는 아무런 영향을 미치지 못할 것으로 보입니다. 로버트 케네디 주니어는 "이 재판은 최대의 공화당 라이벌에게 타격을 주기 위해 민주당이 준비한 정치적 책략이다"라고 말하고 있지요. 또 마이크 존스 미국 하원 의장도 판결이 나자 미국 역사에 남을 부끄러운 날이라며 "이번 재판은 순전히 정치적 행사"라고 비판했습니다.

확실히 이번 재판이 트럼프를 싫어하는 사람이 많은 뉴욕에서, 대선을 앞둔 시점에 열렸다는 점에서 보면 이런 비판을 들을 만도 합니다. 정치와 전혀 상관없는 불륜에 관한 재판이기도 하고요. 일론 머스크가 "정치적 목적을 위해 법을 남용했다는 생각밖에 안 든다"고 글을 올렸듯이 많은 사람이 이 재판에 위화감을 느끼는 것도 무리는 아니라고 생각합니다.

보스턴대학교의 제드 슈가먼 교수는 4월 23일 자 〈뉴욕타임스〉 칼럼에서 "이는 범죄가 아니라 은폐"라며 "뉴욕주의 판례에는 일반 시민을 속이는 해석을 인정한 예가 없다. 이와 같은 광범위한 '선거 간섭' 논리는 전례가 없다"며 의문을 던졌습니다. 아울러 "이번 재판에서 선거 사기 부분은 정치적 효과를 위해 과장되었다. 중죄로 기소되어 있는 근본적인 범죄는 아직 명확하게 밝혀지지 않았다. 검찰의 승리는 곰곰히 생각해보면 자유주의자 사법관이 맡고 있는 지역에서 재판을 열고, 자신들에게 유리한 배심원을 고른 데에서 비롯한다"고 지적했습니다. 이러한 지적에 반론하기란 매우 어렵지요.

저는 진심으로 트럼프가 대통령이 되지 않길 바라지만, 이 재판을 선거 간섭으로 보는 법률 전문가는 꽤 많은 것이 사실입니다.

Paul Krugman

미국 민주주의의
종언

성 추문 입막음 관련 재판에 대해 트럼프는 '마녀사냥'이라고 규탄하고 있습니다. 그의 주장은 자신이 당선되지 못하도록 민주당이 조작한 일이라는 것이지요.

만약 트럼프가 다시 대통령이 돼서 법무부에 정적(政敵)을 기소하도록 지시한다면 어떻게 될까요.

이는 형사 사법 제도에 대한 신뢰를 바닥으로 떨어뜨리는 행위라고 생각합니다. 심각한 권력 남용이지요.

트럼프가 권력을 남용할 수 있으려면 검찰의 협력이 필요합니다. 이는 FBI나 다른 사법기관이 자신의 독립성을 잃는 일로도 이어지지요. 그러면 독재 정권과 크게 다른 바 없게 되고 미국의 민주주의는 종언을 고하게 될 것입니다.

단순히 복수를 위해 법 집행 기관의 칼날을 정적에게 향하게 하는 것은 정권이 저지를 수 있는 최악의 범죄 중 하나입니다.

하지만 트럼프라면 진짜로 실행에 옮길지도 모릅니다. 법무부를 무기처럼 사용하여 정적에게 복수하는 행위는 권위주의와 하나도 다르지 않습니다.

부유층이 트럼프를
지지하는 이유

트럼프는 대통령에 재선하면 사회적으로든, 정치적으로든 혼돈을 불러일으킬 만한 인물입니다.

그런데도 미국 부유층은 왜 그에게 투표하려는 것일까요. 이는 부유층에게 감세를 해주겠다고 약속했기 때문입니다.

혼란을 가져올 게 분명하고 권위주의에 쏠려 있는 트럼프에게 저는 절대로 투표하지 않을 것입니다.

Paul Krugman

Chapter 3

미국은 충격적인 금융 위기를
맞이할 것이다

짐 로저스
Jim Rogers

●

투자가. 예일대학교와 옥스퍼드대학교에서 역사학을 배운 뒤 월스트리트에 진출했다. 조지 소로스와 함께 퀀텀펀드를 설립하여 10년 동안 4,200%가 넘는 경이적인 수익률을 내며 전설을 남겼다. 워런 버핏, 조지 소로스와 함께 '세계 3대 투자자'로 불린다. 37세에 은퇴한 후에는 컬럼비아대학교 교수로 금융론을 가르치기도 했으며, TV와 라디오 해설가로서 전 세계를 무대로 활약하기도 했다. 2007년에는 아시아의 세기가 다가오고 있음을 내다보고 가족과 함께 싱가포르로 이주했다. 저서에는 《어드벤처 캐피털리스트》, 《불 인 차이나》, 《스트리트 스마트》 등이 있다.

● 짐 로저스는 미국의 작은 시골 마을에서 태어나 결코 부유하지 않은 소년 시절을 보낸 그는 영국과 미국의 명문 대학에서 공부한 후 월스트리트에 뛰어들었다. 이후 1973년에 소로스와 함께 헤지펀드 '퀀텀펀드'를 세웠고, 이후 경이적인 수익률을 올리며 전 세계에 이름을 떨치게 되었다.

리먼브라더스 쇼크와 중국의 대두, 트럼프 대통령 당선 등 온갖 미래를 정확하게 내다봤던 짐 로저스는 트럼프의 주장 중에는 맞는 부분도 많다고 한다.

앞으로 미국의 경제는 어떻게 될까.

중국 경제는 불황에서 회복할 수 있을까.

어느 나라의 주식에 주목해야 할까.

미시와 거시를 아우르는 양 시점에서 '돈의 흐름'을 꿰뚫어 보는 짐 로저스의 이야기를 들어보자.

'달러 강세는 미국에 대재앙'이라는
발언은 정확하다

저는 도널드 트럼프를 좋아하지는 않지만, 그의 주장에는 의외로 맞는 부분이 많습니다.

그중 하나가 최근에 나온 엔화 대비 달러 가치 강세에 관한 발언입니다.

2024년 4월 외환 시장에서 엔화 가치가 달러 대비 34년 만에 최저 수준을 기록하자 트럼프는 '미국에 대재앙'이라고 SNS에 글을 올렸습니다.

해외에서 비즈니스를 하는 미국 기업은 해외에서 벌어들인 돈을 달러로 바꿔야 하는데 그때 달러 가치가 높으면 손해를 보게 됩니다.

많은 IT 기업과 원재료를 다루는 미국 기업은 해외에서 막대한 이익을 내고 있으며, 미국의 대표적인 주가 지수 'S&P 500(미국의 신용 평가 회사 스탠더드 앤드 푸어스에서 개발한 500개 기업의 주가 지수)'을 구성하는 주요 500개 기업은 수익의 40%를 외국에서 내고 있습니다. 그러한 기업에 달러 강세는 커다란 손해를 의미하지요.

미국 우선주의를 주장하는 트럼프 입장에서 보면 달러 강세는 대재앙과 다른 바 없습니다. 이와 달리 조 바이든 대통령은 달러 강세를 용인하고 있다는 점에서 그와 다르지요.

달러의 가치가 높아지면 해외에서 미국으로 들어오는 상품의 가격이 떨어지기 때문에 미국 국내에서의 가격 경쟁은 심화됩니다. 또 해외에서 아무리 막대한 이익을 올려도 달러로 전환하면 달러의 가치가 낮을 때보다 높을 때 들어오는 돈이 줄기 때문에 전체 수익을 끌어내리게 됩니다.

일본의 한 경제학자가 바이든은 '단순한 바보'라고 말하기도 했는데 이것은 나쁜 표현이기는 하지만 틀린 말은 아니라고 생각합니다.

경제학을 모르는
트럼프

트럼프는 미국 우선주의를 내세우고 있는데 사실 이는 어느 나라나 마찬가지입니다. 자국의 이익을 뒷전으로 두는 나라의 리더는 어디에도 없지요.

또 트럼프는 자신의 생각대로 결과를 내기 위해서라면 때로는 상도에서 벗어나는 행동도 서슴지 않는데, 이는 어떻게 보면 실행력이 좋은 것이라고도 볼 수 있습니다.

따라서 그가 대통령으로 돌아온다면 달러의 가치를 낮추기 위해 FRB에 금리 인하를 직접 지시할 가능성도 있습니다. 다만 트럼프는 경제학을 깊이 있게 이해하지는 못한 것 같습니다. 그 외의 구체적인 대책은 아직 없기 때문입니다.

또 미국을 위해 진정으로 좋은 방향이 무엇인지도 모르는 것 같습니다.

1달러=300엔 시절이
돌아올지도

중앙은행이 지폐를 계속 발행하면 당연히 그 나라의 통화 가치는 상대적으로 떨어져서 이러한 방향을 바꾸지 않는 한 통화 약세는 지속됩니다.

일본은행은 2016년부터 '금융 완화 정책을 위한 새로운 틀'로써 정해진 이율로 국채를 사들이기로 결정하고 이를 오랫동안 유지하고 있습니다. 이는 말하자면 돈을 제한 없이 마구 찍어내고 있다는 뜻이지요.

따라서 최근의 엔화 약세는 전혀 놀랄 만한 일이 아닙니다.

저는 1달러가 300엔이었던 시절을 기억합니다만, 앞으로 만일 아무런 대책도 내놓지 않는다면 이때로 돌아가도 전혀 이상할 게 없습니다. 정부와 일본은행이 환율에 개입하고는 있지만, 이는 방치해두는 것보다는 나은 정도의 수준입니다. 환율 개입에는 한계가 있어서 효과는 일시적일 뿐이기 때문이지요. 근본적인 해결로는 이어지기 어렵습니다.

물론 해외에서 이익을 내고 있는 일본의 글로벌 기업에는 엔화 약세가 큰 도움이 되고 있습니다. 도요타는 2023년 사업 연도(2023년 4월~2024년 3월) 결산에서 매출이 45조 엔을 넘어 섰고 영업이익이 처음으로 5조 엔을 돌파했지요. 이는 틀림없이 엔화 약세가 순풍으로 작용한 것입니다.

하지만 한편으로 엔화 약세는 수입품과 원재료의 가격을 올려서 물가 상승을 부추깁니다. 일본 기업이 아무리 임금을 인상한다 해도 물가 상승률을 넘어서지 못한다면 실질 임금 은 줄어들 수밖에 없지요. 실질 임금이 줄면 소비자의 삶은 점점 더 팍팍해질 것입니다.

엔화 약세가 일본의 물가 상승을 부추기고 있다는 점은 명백한 사실입니다.

미국은 2년 이내에
경기 침체가 올 것이다

미국은 지금은 진정 국면이지만 아직도 인플레이션 상태가 유지되고 있습니다.

FRB가 기준 금리를 내리지 않는 이상 혹은 내리리란 희망이 없는 한 달러 강세는 이어질 것입니다. 아마도 FRB는 2024년이 끝날 때까지 금리를 내리지 않을 것으로 보입니다.

지금의 달러 강세는 다른 나라의 경제가 좋지 않은 것이 원인이어서 긍정적으로 바라보기는 어렵습니다. 즉, 달러의 가치를 결정하는 것은 미국 국내 상황만이 아니라 일본을 포함한 다른 나라의 경제가 좋아지느냐 아니냐에 달려 있지요.

지금의 미국 경제는 호조이지만 오래가지는 않을 것입니다. 이는 역사를 보면 쉽게 알 수 있지요.

2년 이내에 리세션(경기 침체)이 일어나고 전보다 더 심각한 상태, 즉 금융 위기를 맞이하리라고 봅니다.

나라의 빚이 늘고 있는 것도 이유 중 하나지만 인플레이션이 계속되면 소비 심리가 크게 위축되기 때문입니다.

트럼프가 승리해서 대통령 자리에 돌아왔을 때 화폐의 발행을 줄이면 금융 위기를 맞이할 위험을 피할 수도 있지만 트럼프가 이 부분을 잘 이해하고 있을지는 모르겠네요.

지금 미국은 전에 없을 만큼 오랫동안 리세션이 없는 상태를 유지하고 있습니다.

저도 아직까지는 공매도를 하지 않았지만 주식 시장을 보면 오랫동안 이어진 상승장의 끝이 다가오고 있음을 알 수 있습니다.

유럽을
보고 배웠으면

트럼프는 재선에 성공하면 중국에서 들어오는 수입품에 60%의 관세를 부과하겠다고 벼르고 있습니다.

그는 좋은 뜻에서든 나쁜 뜻에서든 실행력이 뛰어난 인물이라 이것이 진짜 현실화될 가능성은 매우 크다고 할 수 있습니다.

중국에서 들어오는 수입품의 가격이 낮을수록 미국 기업에는 악영향을 미치기 때문에 트럼프의 의도는 충분히 이해할 만하지만 사실 이는 지나친 판단입니다.

지금 이 상황을 보면 1980년대 일본과 미국의 관계가 떠오릅니다. 당시 일본의 저렴한 상품이 미국으로 들어오자 미국 기업은 커다란 타격을 입었습니다. 당시에는 미국뿐 아니라 다른 나라에서도 일본을 강력하게 비난하곤 했지요.

만일 트럼프가 중국 수입품에 60%의 관세를 부과한다면 어떻게 될까요.

그러면 미·중 경제의 탈동조화(Decoupling, 나라의 경제가 특정 국가 혹은 세계의 경기 흐름과 독립적으로 움직이는 현상-옮긴이)가 일어날 것입니다. 이는 결코 바람직하지 않지요.

저는 경제학자들이 주장하고 있는 탈위험화(Derisking, 한 나라가 다른 나라의 경제에 과도하게 의존할 경우 발생할 수 있는 위험을 방지하는 전략-옮긴이)로 가는 것이 옳다고 생각합니다.

탈위험화란 탈동조화에 이어서 나온 새로운 개념으로 지정학적인 관점을 바탕으로 하고 있습니다. 주로 중국과의 긴밀한 경제 관계 상황에서 발생할 수 있는 위험을 효과적으로 관리하여 줄여나가되, 경제 관계는 계속 유지해가는 것을 말하지요. 구체적으로는 공급망(Supply chain)과 같은 과도한 중국 의존적 상황에서 벗어나고, 중국으로 자국의 첨단 기술이 유출되는 것을 방지해가면서 경제 관계 자체는 유지하는 전략을 가리킵니다.

현재의 국제 정세는 민주주의 국가와 중국·러시아와 같은 나라 사이에 가치관 및 안전 보장을 둘러싼 대립이 깊어지고,

경제의 탈동조화 시비가 일어나고 있는 상황입니다.

하지만 애초에 중국이 세계 경제에 편입된 이상 유럽 및 미국과의 완전한 탈동조화는 실행되기 어렵습니다.

중국과의 경제 관계를 중시하는 유럽에서는 관계자들이 탈위험화라는 말을 즐겨 사용하고 있습니다. 또 시진핑 국가주석은 2024년 유럽을 5년 만에 방문하여 프랑스, 세르비아, 헝가리를 차례로 방문하는 등 유럽 여러 나라는 중국과 좋은 관계를 유지하고 있지요.

트럼프가 탈위험화라는 개념을 아는지는 모르겠지만 대통령이 되면 유럽을 보고 좀 배웠으면 하는 바람입니다.

나의
투자 철학

중국 경제가 불황이라는 건 틀림없는 사실이지만 저는 지금 중국 경기가 바닥에 다다른 다음 이미 여기서 벗어난 상태라고 생각합니다.

물론 그럼에도 회복하는 데에는 꽤 시간이 걸릴 것입니다.

오랫동안 이어진 부동산 불황과 채무 과잉이 심각하기 때문이지요.

하지만 중국은 EV(전기자동차)와 AI(인공지능), EC(전자상거래) 분야에서 세계를 선도하는 기술 혁신을 이뤄냈고, 세계 시장에서 싸울 수 있는 힘도 가지고 있기 때문에 분명히 불황에서 회복하리라고 봅니다.

또한 중국은 일본과 달리 천연자원이 풍부한 만큼 틀림없이 재기에 성공할 것입니다.

미국은 바로 이 점을 두려워하고 있는 것이지요.

저는 지금도 중국 주식에 주목하고 있는데 이는 '싸게 사서 비싸게 판다(buy cheap, sell high)'는 저의 투자 철학을 고스란히 실현할 수 있기 때문입니다.

바이든도 중국에 대해 꽤 엄격한 정책을 유지하고 있지만, 트럼프가 돌아온다면 이보다 더 강한 정책을 펼칠 가능성이 큽니다. 중국이 경제 규모로는 세계 2위라는 사실을 트럼프는 잘 알고 있기 때문이지요.

보호주의로
무역 전쟁에서 이긴 나라는 없다

다만 트럼프가 오해하고 있는 부분도 있습니다.

지난번 트럼프 정권하에서는 보호주의 정책을 펼쳐나갔습니다.

하지만 역사상 보호주의 정책으로 무역 전쟁에서 이긴 나라는 하나도 없습니다. 어떤 나라든 결국 손해를 보았지요.

역사적으로 보면 무역 전쟁이 비극을 불러일으킨 예는 얼마든지 있지만, 그중에서도 대표적인 예를 하나 들어보겠습니다.

미국은 후버 대통령이 집권했을 때 1929년 대공황이 시작되자 국내 산업 보호를 위해 농작물 등 2만여 가지 품목의 수입 관세를 평균 50% 인상했습니다. 이에 대한 보복 조치로써 많은 나라가 미국 상품에 높은 관세를 붙였고 이 때문에 세계 무역이 정체에 빠지면서 경제 공황을 더욱 심화시켰지요. 그래서 2차 세계대전이 발발한 것입니다.

모든 일의 원인은 미국이 1929년에 대규모의 무역 전쟁을

Jim Rogers

073

시작했기 때문입니다.

그럼에도 트럼프는 무역 전쟁은 올바른 행위이고 반드시 자국이 이길 것이라고 확신하지요.

무역 전쟁이 좋은 결말을 가져온 예는 지금까지 한 번도 없었다는 역사적 사실을 아무도 그에게 말해주지 않는 것일까요. 아니면 트럼프는 자신이 역사보다 현명하다고 믿고 있는 것일까요.

역사는
운을 밟는다

제가 역사 공부의 중요성을 깨달은 시기는 미국 예일대학교를 졸업하고 영국 옥스퍼드대학교에서 석사 과정을 밟을 때였습니다. 예일에서는 미국사와 유럽사를, 옥스퍼드에서는 영국사를 전공했었지요. 부끄럽게도 당시 저는 미국과 유럽이 세계의 전부라고 생각했습니다.

옥스퍼드에서 공부하는 동안 저는 과거에 일어난 일과 매우 비슷한 사건이 현재에도 반복된다는 사실을 깨달았습니다.

그 후 뉴욕 월스트리트 투자 업계에서 일하기 시작했을 때도 똑같은 것을 느꼈지요. 바로 돈, 즉 자본의 움직임은 과거와 비슷하게 흘러간다는 사실을 말입니다.

그래서 이후 일본과 중국을 비롯한 아시아의 역사와 그 외 지역의 역사도 공부하게 되었습니다.

그리고 세계 일주도 두 번이나 떠났지요. 첫 번째 여행에서는 오토바이를 타고 세계 6대륙을 돌았고, 두 번째 여행에서는 메르세데스 벤츠를 타고 116개국, 24만 킬로미터를 달렸는데 이 여행을 통해 세상을 좀 더 깊이 있게 이해할 수 있었습니다.

중요한 사실은 '역사는 운을 밟는다'는 것입니다.

작가 마크 트웨인이 한 말인데 세계적인 사건은 대부분 이전에도 일어났던 일로, 마치 운을 밟듯이 조금씩 형태만 바뀔 뿐 반복된다는 의미입니다.

저는 역사로부터 '돈은 어떻게 움직이는가'를 배운 덕분에 리먼브라더스 쇼크를 비롯한 수많은 사건을 사전에 예측할 수 있었습니다.

2016년 미국 대통령 선거 때의 일이 똑똑히 기억납니다.

대통령 선거가 치러지기 전 저는 뉴스를 보면서 아내와 두

딸에게 이렇게 단언했습니다.

"도널드 트럼프가 이길 거야."

그러자 가족들은 모두 크게 화를 냈지요.

저는 트럼프를 지지한다고 말한 게 아니라 어디까지나 그가 이길 것이라고 말했을 뿐인데도요.

투자가는
바이든의 정책을 싫어한다

미국 유권자 중에는 조 바이든과 도널드 트럼프 모두에게 싫증난 '더블 헤이터(double hater)'가 많습니다.

저는 되도록 사람은 미워하지 말자는 주의지만 둘 다 무능하다는 것만큼은 확실하게 말할 수 있을 것 같습니다. 바이든도 자신이 무슨 일을 하고 있는지 모른다는 점에서 대통령에 걸맞은 인물이 아닙니다. 물론 역사적으로 보면 미국 대통령들이 그다지 머리가 좋지 않기는 했지만요.

어찌 됐든 월가의 투자가와 대기업 CEO 등의 부유층은 트럼프에게 투표할 것입니다.

트럼프는 감세를 포함해 투자가와 부유층에게 유리한 정책을 실행하겠다고 약속했기 때문입니다. 앞에서도 말했지만 그는 실행력이 매우 뛰어난 인물이지요.

반면 바이든은 2024년 3월 7일 연례 국정 연설에서 기업과 자산가를 우대하는 대형 감세를 실현했던 트럼프와 자신의 경제 정책은 분명히 다르다며 선을 그었습니다. 부유층과 대기업이 내는 세금을 늘리고 근로자를 지원하겠다는 뜻을 명확하게 밝혔지요.

투자가나 부유층은 자신들이 내는 세금이 크게 늘어날 것이므로 바이든의 정책에 반대하고 있습니다.

전쟁만큼
성가신 일도 없다

마지막으로 우크라이나와 가자 지구에서 벌어지고 있는 전쟁에 대해서 한마디 하고 싶습니다.

트럼프가 만일 대선에서 승리한다면 그 무렵에는 부디 전쟁이 끝나 있기를 바랍니다. 전쟁이 끝나지 않는 한 석유와 농

산물, 특히 곡물의 가격이 계속 오를 것이기 때문입니다. 이는 많은 나라와 산업에 안 좋은 영향을 미칩니다.

투자가들 입장에서도 혹은 주식 시장을 보더라도 우선은 전쟁이 빨리 끝나는 게 좋습니다. 대통령 선거 후에도 전쟁이 계속된다면 트럼프는 빨리 전쟁을 끝내기 위해 온갖 방법을 쓸 것입니다. 트럼프 단독 결단으로 우크라이나에 대한 지원을 끝내기는 어렵다고 해도 그는 어떠한 방식으로든 전쟁을 빨리 끝내려고 할 것이 틀림없습니다.

전쟁만큼 성가신 일도 없습니다. 일단 시작하면 끝내기가 매우 어렵기 때문이지요.

이전 트럼프 정권 때 전쟁은 일어나지 않았습니다. 그 점만큼은 높이 살 만하다고 생각합니다.

초예측
트럼프 2.0
새로운 시대

Chapter 4

'어둠의 정부'를 없애고
정부를 민주화하라

폴 댄스
Paul Dans

●

헤리티지재단에서 2025년 대통령 교체 프로젝트를 지휘했다. 차기 정권에서 일할 가능성이 있는 사람들에게 정책이나 인사에 관한 조언을 하고 연수를 진행했다. 버지니아대학교 로스쿨을 졸업하고, 매사추세츠공과대학교에서 경제학 학사 학위와 도시계획 석사 학위를 취득했다. 1997년부터 2012년까지 뉴욕의 몇몇 대형 국제 법률 사무소에서 근무하였고 이후 자신의 법률 사무소를 설립했다. 트럼프 정권하에서는 연방 인사관리처 수석보좌관이었으며, 2021년부터 국가수도계획위원회의 위원장을 맡고 있다. (현재 폴 댄스는 헤리티지재단 대표에서 물러난 상태다.─옮긴이)

도널드 트럼프가 대통령으로 돌아올 것에 대비해 정권 이행을 차질 없이 수행하기 위한 구상이 '프로젝트 2025'다. 로널드 레이건 대통령 이후 공화당 정권의 정책을 지지해 온 보수 성향의 정책 연구소 '헤리티지재단'에서 시작된 이 프로젝트의 총책임자가 바로 폴 댄스다.

트럼프는 자신이 재선에 성공하면, 2020년 10월 대통령 임기가 끝나기 직전에 내려졌던 행정명령 '스케줄 F'를 부활시키겠다고 선언했다. 이 행정명령은 일반직 연방 공무원 중 일부를 지속적인 고용이 보장되지 않는 정무직 범주인 'F'로 재분류하여 앞으로 직원을 쉽게 해고할 수 있도록 하겠다는 내용이다.

공무원 제도 개혁을 중요한 공약으로 내세우고 있는 트럼프는 미국 정부를 어떻게 바꾸려는 것일까.

1기 트럼프 정부에서 연방 인사관리처(OPM: Office of Personal Management) 수석보좌관을 지냈던 폴 댄스의 설명을 들어보자.

같은 실패를
반복하진 않겠다

저는 원래 트럼프 정권 시대에 백악관 인사관리처(OPM) 책임자(director)에서 시작해, 최종적으로는 OPM의 수석보좌관이 되었습니다. 수석보좌관은 실질적으로 대통령과 이어져 있는 '넘버 2'라고 불릴 정도지요. OPM에서는 200만 명 이상의 연방 정부 직원을 총괄하고 있는데, 그중에서도 저의 주요 임무는 대통령 스태프 중 일부인 대통령 고위직 인사국(Office of Presidential Personnel)의 4,000명 정도의 인사를 결정하는 일이었습니다.

1기 트럼프 정부에는 '프로젝트 2025'와 같은 정권 이행을 위한 프로젝트가 없었습니다. 다시 말해 정권 이행을 위한 준비가 되어 있지 않았지요.

당시 사람들은 "도널드 트럼프는 자신과 맞지 않는 사람들에게 둘러싸여 있다(Donald Trump was surrounded by the wrong people)"는 말을 많이 했습니다.

이번에도 보수파의 사상과 맞지 않는 사람이 대거 들어오면 지난번과 똑같은 실패를 반복하게 될 것입니다. 아무리 훌륭한 아이디어와 정책이 있더라도 이를 실행하는 사람이 있어야 현실화될 수 있습니다. 그런데 직접 실행하는 이가 보수파의 사상과 맞지 않는 사람이라면 훌륭한 아이디어와 정책은 무용지물이 되어버리지요.

정권이 들어서고 나서 움직이기 시작하면 너무 늦습니다.

이번에 트럼프 대통령이 재선에 성공하면 지난번과 같은 실패를 반복하지 않도록 보수적인 사상을 지닌 사람들을 일관성 있게 정권에 들여야 합니다.

바로 이것이 '프로젝트 2025'의 목표입니다. 대통령 취임

첫날부터 움직일 수 있도록 준비하는 새로운 패러다임(틀)이
지요.

'딥 스테이트'는
존재한다

트럼프는 '딥 스테이트'를 해체하겠다는 공약을 내걸었습니다. '프로젝트 2025'의 목표 중 하나가 기득권 관료 체제를 해체하는 일이라고들 하는데 이는 맞는 말입니다.

딥 스테이트는 워싱턴DC에 존재하는 비민주적인 세력으로 대통령의 어젠다(계획)에 반대하는 이들을 말합니다.

예를 들어 현재 진행 중인 트럼프 관련 재판은 미국 역사상 유례없는 일입니다. 실제로 이 소송이 법무부에 의해 제기됐다는 게 말이 안 됩니다. 정권을 쥐고 있는 여당인 민주당이 자신들에게 주어진 권력의 도구(instruments of power)를 사용해 정치적 반대파를 공격하려 한다는 건 정말 비상식적인 일이지요.

딥 스테이트는 틀림없이 존재합니다.

우리는 딥 스테이트를 모조리 몰아내서 투명하고 민주적인 정부를 만들고 싶습니다.

딥 스테이트는 돈이 많고 권력이 있는 사람들이 모여 만든 이익 단체가 정부 안에 심어 놓은 고위급 관료로부터 시작됩니다. 이들은 대통령 뜻에 따라 국민을 이끌어가기보다는 자신이 속한 단체의 이익을 위해 일합니다. 의원으로서 의회 안으로 들어오는 사람도 있고, 의회 바깥에 있는 이익 단체, 미디어, 학계 등에도 존재하지요.

이들은 서로 힘을 합쳐 정부 바깥에서 앞으로 할 일을 정하고 미디어 등 자신들이 가지고 있는 힘을 이용해 이를 현실화합니다. 또 정부가 자신들의 바람대로 움직이지 않을 때는 트럼프 정권 때 그가 당했던 것처럼 반대파를 공격하고 최대한 방해하지요. 그들은 자신들에게 주어진 권력을 이용해 수면 아래에서 모든 것을 조종합니다.

나라를 움직이는 것은
대통령이 아니라 '행정 국가'

우리 보수파는 미국의 메이저리티(다수파)이지만, 연방 정부의 메이저리티는 보수파가 아닙니다.

미국의 민주주의의 개념은 옛날부터 쭉 '국민의, 국민에 의한, 국민을 위한 정치(Government of the people, by the people, for the people)'였습니다. 이는 남북전쟁이 한창이었던 1863년 11월, 링컨 대통령의 '게티즈버그 연설'에서 나온 유명한 문구지요.

그리고 미합중국 헌법은 우리 정부를 '세 부분'으로 나누고 있습니다. 입법권을 가진 '입법부', 행정권을 가진 '행정부', 사법 제도를 관장하는 '사법부'로 삼권분립을 지향하고 있지요.

이 중 행정부에 대해서는 합중국 헌법 제2조 제1절에 "나라의 행정권은 대통령에게 주어진다(The executive Power shall be vested in a President of the United States of America)"라고 명시되어 있습니다. 이는 국민은 대통령에게 모든 권한을 일임하고 대통령은 이 권한을 성실히 수행해야만 한다는 뜻이 지요.

즉, 모든 행정 권한은 대통령에게 귀속됩니다.

하지만 실제로 우리는 '행정 국가(administrative state, 국가 내의 실체나 국가를 초월한 실체가 행정 권력을 행사하는 경우를 이름-옮긴이)'라고 불리는 '제4부'에 의해 권리를 침해당하고 있습니다. 제4부는 미디어 및 나라의 방향을 본질적으로 쥐고 흔들고자 하는 빅 비즈니스 등의 외부 이익 네트워크로 구성 되어 있지요.

다시 말해, 보수파 대통령이 당선되어도 나라를 움직이는 메커니즘은 대통령의 손안에 들어오기 어려운 셈입니다.

대통령이 지명할 수 있는 직원은
500명 중 1명

미국 연방 정부는 공무원에 의해 운영되고 있습니다.

구체적인 숫자로 말하자면 연방 정부에는 220만 명의 직원 이 있지만 대통령은 통상 4,000명 정도를 임명하지요. 비율로

따지면 500명 중 1명꼴인 셈인데 참으로 어이없는 숫자라고 생각합니다.

140년 전에는 대통령이 모든 정부 직원을 임명했습니다.

하지만 건국 이래 공무원 임명을 당파적인 정실(情實)에 얽매여 결정하는 정치 문화(spoils system, 엽관 제도)가 횡행했습니다. 이러한 상황 속에서는 적임자가 공무원으로 취임하기 어려웠고 갖가지 문제점이 생겨났지요.

그래서 무능한 사람이 공무원이 되는 경우를 막고자 1883년 공무원을 자격 시험 성적으로 뽑는(자격 임용제) 펜들턴 법이 제정되었고, 이것이 현재 시행되고 있는 미국 국가 공무원법의 원형입니다.

당초에는 자격 시험으로 임용된 공무원 수가 전체의 10% 정도였지만 140년 후인 지금은 99.7%의 직원이 시험으로 임용되고 있습니다.

Paul Dans

시험으로는
적임자를 뽑을 수 없다

"나는 딥 스테이트를 해체하고 부패한 위싱턴을 민주주의로 되돌릴 계획이다. 우선 2020년에 내려졌던 행정명령을 다시 발령하여 악질의 관료들을 배제하기 위한 대통령의 권한을 되찾겠다."

트럼프의 선거 공약 사이트에는 이렇게 게재되어 있습니다. 이 행정명령이 이른바 '스케줄 F'라고 불리는 것으로 트럼프가 대통령 1기 시절 임기 막바지였던 2020년 10월에 도입하여 2기 정부의 중요한 공약으로 삼았던 공무원 제도 개혁안입니다.

말하자면 자격 임용직 중 대통령이 지명하는 정치 임용자에게 조언하거나 정책에 영향을 주는 자리를 새롭게 정무직으로 교체하는 방식입니다. 지금까지 자격 임용직 공무원에게는 고용이 보장되었지만 스케줄 F로 바뀐 자리는 고용이 보장되지 않습니다.

미국의 정부 직원은 크게 나누면 다음과 같이 세 종류로

분류됩니다.

① 상원의 승인이 필요한 정부 고위 관료
② 상원의 승인이 필요 없는, 백악관을 포함해 행정부에서 근무하는 정치적으로 임용된 고위 관료
③ 일반 정부 직원

스케줄 F로 재분류되는 자리가 바로 ②에 해당하며 이를 대폭 확대하겠다는 뜻이지요.

스케줄 F의 초안을 만든 사람이 저라는 보도도 있지만 이는 사실이 아닙니다. 꽤 오래전에 제임스 샤크라는 사람이 초안을 만들었습니다. 그는 원래 제가 지금 있는 헤리티지재단 소속이었지만, 현재는 미국우선정책연구소(AFPI: America First Policy Institute)에 속해 있습니다.

스케줄 F를 실제로 실행하려면 강력한 정치적 의지가 필요합니다. 제가 OPM에 들어갈 때까지는 트럼프 정부의 기능이 부재한 상황이었습니다. 스케줄 F를 시행하기에는 너무나도 장애가 많았기에 저는 그 장애를 제거해서 스케줄 F가 제대로

기능하도록 노력했지요.

트럼프가 대통령에 다시 취임한다면 스케줄 F는 더 큰 규모로 실행될 것입니다.

1기 정부 때에는 공화당 주류파 정책 연구자와 실무자 중 트럼프와 거리를 두는 사람이 많아서 적임자를 확보하는 데 애를 먹었습니다. 이를 교훈 삼아 만든 것이 '프로젝트 2025' 이지요. 일본에서는 시험으로 관료를 뽑는 걸로 아는데 시험 으로는 최고의 적임자를 고르기 어렵습니다.

언뜻 스케줄 F는 독재주의의 부활같이 보이지만 전혀 그렇 지 않습니다. 선거로 정정당당하게 뽑힌 대통령이 국민을 위한 어젠다를 실행하려는데 이를 방해하는 자가 있다면 마땅히 배 제되어야 하지 않을까요. 공무원이 대통령의 어젠다를 막는 건 민주적이지 않습니다.

그래서 스케줄 F로 임명된 사람은 임의 고용직(at-will employment)으로 언제든지 해고 및 사직을 할 수 있습니다.

'프로젝트 2025'는
개혁 운동

우리 보수파는 신, 국가, 가족을 중요시합니다.

그러나 현재의 정부는 좌파에 홀려 있어서 우리는 말하자면 그 좌파에 휘둘리고 있는 상태지요.

투표 패턴을 보면 연방 정부의 95%는 자유주의자입니다. 워싱턴DC에서는 93%가 민주당을 지지하지요. 연방 정부 내 직원의 95%가 민주당에 기부하고 있습니다.

즉, 지금의 연방 정부는 지나치게 좌파에 치우쳐져 있습니다.

국민이 트럼프와 같은 공화당 후보에 투표해도 우리가 관료들을 적절하게 관리하지 못하면 정책이 반드시 보수적인 방향으로 흐른다고 볼 수는 없다는 말이지요.

연방 정부는 지난 100년 동안 진보주의자에 의해 지배되어 왔습니다. 우리는 그렇게 보고 있습니다.

'프로젝트 2025'는 프로젝트라기보다는 일종의 '운동 (movement)'으로 보는 것이 정확합니다.

Paul Dans

공무원 제도의 정치적 관리이자, 미국 정부를 새롭게 운영하여 본래 헌법상의 구조로 되돌리기 위한 근본적인 개혁 운동입니다.

보수파 인사
데이터베이스의 구축

'프로젝트 2025'에는 4가지 핵심 사안이 있습니다.

① 정책 보고서 작성
② 인사 데이터베이스 구축
③ 연수
④ 대통령 당선일로부터 180일간의 활동 계획 수립

헤리티지재단은 1980년대, 로널드 레이건 대통령 때 인사와 정책 부분에 전면적으로 관여하면서 존재가 널리 알려졌습니다. 그때 나온 정책 분석집《리더의 사명(Mandate for Leadership)》은 레이건 혁명의 바이블이 되었지요.

우리는 이를 토대로 헤리티지재단의 외부인 400명을 써서 부서별로 정책 어디에 문제가 있었는지를 검증하고, 올바른 방향으로 수정해서 새로운 정책 보고서 《리더의 사명: 2025》를 만들었습니다. 이는 트럼프의 어젠다가 아닙니다. 어디까지나 보수파 사람들이 원하는 바를 적은 것으로 반드시 모든 내용에 보수파 사람들이 동의하는 것은 아니지요.

이게 바로 '프로젝트 2025'의 첫 번째 핵심 사안인 정책 보고서 작성입니다. 2023년 4월에 공개되었는데 공화당 후보자가 된 사람에게는 모두 전달하고 있습니다.

두 번째 핵심 사안은 인사 데이터베이스 구축입니다. 우리는 이것을 보수파 버전의 링크드인(LinkedIn, 비즈니스 분야의 인맥 구축을 목적으로 개발된 SNS)이라고 부릅니다.

우리는 트럼프가 대통령에 복귀했을 때, 정부에서 일할 가능성이 있는 사람 약 1만 명에 관한 정보를 구축해 두었습니다. 트럼프 정부가 정식으로 출범하면 곧바로 공식적인 정권 이행 팀에게 각각의 자리에 걸맞은 인물을 추천할 계획입니다. 1기 트럼프 정부에서는 꽤 많은 수의 부적합자가 정부에 들어왔는데 이번에는 그런 일이 일어나지 않도록 하기 위해서지요.

Paul Dans

095

'프로젝트 2025'는 현재 100개가 넘는 보수파 단체와 관련되어 있고 그러한 단체로부터 수많은 인사 추천을 받습니다. 추천받은 인물에 대해 꼼꼼히 살펴보는 것이 저희의 역할입니다.

지금까지도 헤리티지재단은 여러 방면에서 정부를 도왔지만, 이번에는 모든 추천인을 한 곳에 모아 우리가 정보 센터(clearinghouse)와 같은 역할을 할 계획입니다. 가령 각각의 단체로부터 이 사람을 국방부 차관보에 추천한다는 식의 의견이 들어오면 이와 관련된 정보를 한 곳에 모아 두어서 정권 이행을 시행할 때 바로 조회할 수 있도록 하는 것입니다.

헤리티지재단은
정부로 들어가는 문

그리고 세 번째 핵심 사안인 연수는 정부에서 어떻게 하면 성과를 올릴 수 있는지를 가르치는 일입니다. 정부가 어떻게 기능하는지, 기밀 정보 접근 권한(security clearance)은 어떻게 취득할 수 있는지, 완고한 사람은 어떻게 다뤄야 하는지, 믿음을 주고 존경을 받으려면 어떻게 해야 하는지 등 현장에서는 배울수 없는 내용들을 가르치지요. 이러한 내용은 정부에서 일하는 첫날부터 습득되어 있어야 합니다.

이와 관련해서는 우선 온라인으로는 30개의 교육 과정이 있습니다. 각각의 강의는 1시간으로 이루어져 있고 정부 고위 관료로 일했던 경험이 있는 사람이 가르칩니다. 그리고 올여름에는 직접 면접을 보면서 가령 연수를 받은 사람에게 '법무부에서 일할 잠재력이 있다'와 같은 평가를 전달합니다. 이와 같은 연수는 지금껏 한 번도 없었지요.

네 번째 핵심 사안은 '대통령 당선일로부터 180일간의 활동 계획'을 짜는 것입니다. 여기에는 1,000명 이상의 사람이 참여했는데 무엇을 어떤 순서로 해야 하는지 자세하게 적혀 있습니다.

상원 승인이 필요치 않은 정부 고위 관료직 자리는 4,000개가 있습니다. 여기에 임명되는 사람은 반드시 대통령의 어젠다에 찬성하는 사람이어야 하지요.

찬성하지 않는다면 어젠다를 순조롭게 실행할 수 없기 때문입니다. 어젠다에 찬성하는 사람을 영어로 'aligned people(동조하는 사람)'이라고 하는데, 이는 저희가 구축한 인사 데이터베이스를 기준으로 판단하고 있습니다.

우리는 정부에서 일하고 싶어 하는 사람들을 관리하는 문지기 같은 존재입니다.

원하는 사람은 우선 《리더의 사명》을 읽고 이력서를 작성한 다음 연수를 받으면서 충분히 준비하면 우리에게 좋은 평가를 받고 정부에서 일할 기회를 얻을 수 있습니다.

독재주의라는
비판은 틀렸다

'프로젝트 2025'를 둘러싸고 보수 진영에서는 분위기가 꽤 고조되어 있습니다.

우리 모두는 트럼프가 재선에 승리하면 바로 실행에 옮길 수 있도록 건설적인 준비를 하고 있지요.

하지만 물론 비판도 있습니다. 좌파 사람들은 우리가 하나되어 준비하는 것을 보고 기가 눌린 것 같습니다. 그들에게는 우리가 쓰고 있는 《리더의 사명》과 같은 바이블이 없으니까요. 좌파 진영에서는 이 바이블의 내용이 참으로 알차고 효율적임을 알고 선망의 눈길을 보내고 있습니다.

'프로젝트 2025'에 대한 그들의 비판은 이것이 권위주의적인 로드맵(authoritarian roadmap)이라는 것입니다.

좌파 정책 연구소인 '미국미래연구소(IAF: Institute for America's Future)의 로버트 보러시지 소장은 이보다 더 심각한 비판을 늘어놓았습니다.

"트럼프가 대통령에 복귀하면 그의 신정권에서 임명되는 사람은 미국의 암흑 세력인 큐어논(QAnon, 극우 음모론 추종자들-옮긴이)적인 비전이 깔려 있는 자다."

하지만 한편으로 보러시지 소장은 '프로젝트 2025'의 효용성을 인정하면서 "트럼프 2기는 1기보다 훨씬 더 조직적으로 움직일 것이다"라고 말한 바 있습니다.

그 외에도 "이 프로젝트는 순조로운 정권 이행을 위한 것이라기보다는 근본주의적 보수파의 모략(The Radical Conservative Machination)이다"라고 비판하는 사람도 있지요.

가장 흔한 비판은 '프로젝트 2025가 트럼프가 주도하는 독재주의와 연결돼 있다'는 시선인데, 이는 진실과는 한참 먼 이

Paul Dans

야기입니다.

아시다시피 현재 대통령의 권한은 위기에 직면해 있습니다. 정부의 0.3%밖에 권한이 없어요. 이 정도의 권한밖에 없는 상황에서 독재주의로 나가는 건 불가능합니다.

트럼프가 대통령에 재취임하면 우리의 노력이 실질적으로 얼마나 도움이 될지 알 수 있을 것입니다. 여기서는 '딥 스테이트'나 '행정 국가'에 대한, 최소한의 논의만 중점적으로 살펴봤을 뿐이지요.

지금 국민은 자신들의 삶을 통제하지 못하고 있습니다. 연방 정부에서 권력을 앞세우고 있기 때문입니다. 신종 코로나바이러스 백신 접종을 강제당하고, 표현의 자유를 빼앗겼으며, 온라인에서는 개인정보가 유출되고, 이름뿐인 대규모 그린 어젠다(환경 보호 계획)의 희생양이 되고 있습니다. 바이든 정부 동안 인플레이션이 지속되면서 국민은 가진 돈으로 집세를 내야 할지, 식료품을 사야 할지 선택해야 하는 처지에 놓였지요.

이러한 상황을 만든 주범은 '딥 스테이트'입니다.

상황을 반전시키기 위한 마지막 최선의 희망(last best hope)은 대통령이라는 자리에 알맞은 사람을 뽑는 것입니다.

이것이 마지막으로 가장 중요한 부분이지요.

지금은
가장 불명예스러운 시기

바이든 대통령은 소위 '약한' 대통령이라고 불리는데 그 약함이 지금은 위험한 단계까지 올라와 있습니다. 중국에 대한 적대심, 미국에 의존하고 있는 수많은 나라를 마비시킬 정도의 에너지 정책, 이스라엘과 우크라이나 전쟁에 대한 대응 방식 등을 보면 바이든이 하고 있는 모든 일이 예상치 못한 역효과 (backfire)를 내고 있는 듯 보입니다.

많은 전문가가 지적하듯이 트럼프가 대통령이었다면 우크라이나 전쟁은 일어나지 않았을 것입니다. 이러한 점에서 보면 지금은 미국의 역사에서 가장 불명예스러운, 부끄러운 시기라고 생각합니다.

미국 국민을 위한
중요한 일을 하고 싶다

트럼프는 '프로젝트 2025'에 대해 직접 이름을 거론하며 언급하지는 않지만 트럼프가 보여주고 있는 2기 정부의 계획은 이 프로젝트의 개요와 일치합니다.

저는 직접 트럼프와 만나지는 않았지만 그의 팀과 연락을 주고받고 있습니다.

트럼프가 대통령으로 돌아온다면 저는 다시 정부에서 일하고 싶지만 이는 어디까지나 트럼프와 그의 팀에서 판단할 일이지요.

1기 정부 때 몸담았던 인사관리처에는 들어가고 싶지 않고, 가능하면 백악관 내 자리보다는 바깥에 있는 부서에서 일하고 싶습니다. 그곳에서 미국 국민을 위한 좀 더 중요한 일을 하고 있다고 생각하기 때문이지요.

초예측
트럼프 2.0
새로운 시대

Chapter 5

미국의 적은 미국이다

이안 브레머
Ian Bremmer

●

글로벌 정치 리스크 연구 및 컨설팅 기업 유라시아그룹의 설립자 겸 회장. 미국 스탠퍼드대학교에서 석·박사 학위를 받았다. 1994년 최연소로 후버연구소 교수로 임명되었고, 2007년 세계경제포럼에서 영 글로벌 리더로 선정되었다. 월스트리트 최초의 정치 리스크 인덱스(GPRI)를 만들었으며, 국제 정치 질서에서 리더가 사라지는 'G-Zero(지-제로)' 개념, 특정 국가의 개방성과 안정성과의 상호관계를 보여주는 'J-Curve(제이 커브)' 개념을 제시한 것으로도 유명하다. 세계경제포럼의 '지정학적 리스크에 관한 글로벌 의제 협의회' 창립위원장이자 활발한 대중 강연가이기도 하다. 미국 시사 주간지 〈타임〉의 전 편집장으로 현재까지도 커버 스토리를 장식하는 유명 칼럼리스트이며, 〈파이낸셜타임스〉, 〈워싱턴포스트〉, 〈월스트리트저널〉, 〈뉴욕타임스〉, 〈뉴스위크〉, 〈하버드비즈니스리뷰〉, 〈포린어페어스〉에도 기고하고 있다. 저서로는 《리더가 사라진 세계》, 《국가는 무엇을 해야 하는가》 등이 있다.

러서치 컨설팅 회사 '유라시아그룹'은 국제 정치와 세계 경제에 심각한 영향을 미칠 지정학적 위험을 예측해서 매년 초에 이를 '세계 10대 위험 요인'이라는 제목으로 발표한다.

2024년 세계 위험 요소 1위에는 '자신과 싸우는 미국'이 꼽혔다. 미국 내에서 정치적 분열이 심화되고 국제 사회에서 미국이 신뢰성을 잃으며 세계가 불안정해질 위험이 있다는 것이다.

유라시아그룹의 대표를 맡고 있는 국제정치학자 이안 브레머는 세계를 이끄는 강력한 국가가 부재하게 된 현대를 'G-제로'라는 개념으로 설명하며 이것이 국제 사회를 불안하게 만드는 요소라고 갈파했다. 그는 저서 《리더가 사라진 세계》에서 미국 주도의 세상이 끝난 후 국제 사회는 미중이라는 G2 체제가 될지, 아니면 새로운 냉전을 맞이하게 될지에 관해 자세히 기술하며 큰 반향을 일으켰다.

그런 이안 브레머가 트럼프 2.0의 세계를 철저하게 분석했다.

모든 게 다
예상대로였다

미국과 같은 강대국은 대통령 선거에서 마지막에 누가 뽑히든 모두가 자랑스럽게 여길 만하고, 충분히 칭찬할 만한 사람들이 입후보하여 좀 더 효과적인 선거전을 펼쳐 나갈 수 있어야 합니다. 하지만 이렇게 말해서 가슴 아프지만, 우리는 그러한 나라와는 거리가 멉니다.

미국의 군사력과 경제력은 여전히 매우 강력하지만, 정치 시스템의 기능 부재는 선진적인 민주주의 국가 중에서도 가장 심각한 상황이며 2024년에는 더욱 악화할 것으로 보입니다. 이번 대통령 선거는 정치적 분열을 심화시키고 과거 150년간 한 번도 경험한 적 없을 정도로 심각하게 민주주의를 위협하여, 미국은 국제 사회의 믿음을 잃게 되리라고 저는 보고 있습니다. 이번 선거에서 강대국 미국은 자유롭고 공정한 선거와 평화적인 권력 이양, 삼권분립에 의한 견제와 균형 등 정치 제도와 관련된 중대한 도전에 직면해 있습니다.

2024년 6월 27일 밤 애틀랜타에서 열린 조 바이든 대통령과 도널드 트럼프 전 대통령의 TV 토론회를 본 직후의 감상을 이야기해볼까요.

바이든이 트럼프와 함께 무대에 오른다는 전략에 저는 처음부터 회의적이었습니다. 아니길 바랐지만 "I told you so(내가 이럴 줄 알았어)"라는 말이 절로 나올 정도로 바이든은 속속들이 공격을 당했지요. 토론회 내용을 TV로 보지 않고 글로 읽는다면 바이든이 훨씬 강력한 공격을 퍼부었다고 느낄 것입니다. 사실관계라는 측면에서는 바이든이 트럼프보다 훨씬 나았으니까요.

하지만 사람들은 퍼포먼스 전체를 봅니다.

트럼프는 대체로 규칙에 따라 토론회에 임했고 생기가 넘쳐 보였습니다. 반면 바이든의 말은 지리멸렬하게 느껴졌지요.

저는 절대 트럼프가 대선에 출마해서는 안 된다고 생각합니다. 대통령이라는 자리에 전혀 어울리지 않기 때문이지요. 수십 건도 넘는 중죄를 저질렀고 그 대부분은 대통령 재임 중에 일어난 일과 관련되어 있습니다. 게다가 가장 중요한 문제는 지난번 대통령 선거에서는 자유롭고 공정하게 진행된 선거 결과를 뒤엎으려고 했습니다.

승자와 패자
모두가 받아들일 수 없는 선거

토론회 다음날이었던 6월 28일 자 〈뉴욕타임스〉에는 「나라를 위해서라면 바이든 대통령은 선거전에서 물러나야 한다(To Serve His Country, President Biden Should Leave the Race)」는 제목의 사설이 실렸습니다. 거기에는 이렇게 쓰여 있었지요.

"바이든은 4년 전의 바이든이 아니었다."

"바이든은 2기 정부에서 무엇을 이뤄낼지에 대해 설명하지 못했다."

"바이든은 자신의 정신적 예민함에 대한 국민의 오래된 염려에 대처할 필요가 있음을, 그리고 이를 가능한 한 빨리 해결해야 함을 잘 알고 있었다. 하지만 바이든이 지금 직시해야만 하는 사실은 자신이 그 시험에서 실패했다는 것이다."

아주 정확한 분석이었습니다. 토론회 직후에 바이든이 바로 해야 할 일은 자신이 이 선거전을 계속 이어나갈 수 없음을 인정하고, 트럼프를 이길 수 있는 좀 더 유능한 다른 후보를 고르는 절차를 밟는 것이었지요.

대통령 선거의 승패는 격전지에 있는 소수의 유권자에 의해 좌우됩니다. 그래서 민주당이든 공화당이든 진 쪽은 결과를 부당하다고 여기며 받아들이지 않을지도 모르지요.

트럼프가 이기면 민주당 지도자들은 트럼프는 감옥에 가야 마땅한 자로 대통령과는 전혀 어울리지 않는다고 생각하거나, 어떤 의원들은 (반란에 가담한 자는 공직을 맡을 수 없다는) 수정 헌법 14조를 바탕으로 그는 일할 자격이 없다며 트럼프 당선을 인정하지 않을 가능성도 큽니다. 이렇게 되면 미국 선거에 대한 신뢰도는 바닥으로 추락하겠지요. 또 2016년 대통령 선거에서 트럼프가 차기 대통령으로 선출됐을 때와 마찬가지로 몇몇 도시에서는 거리에서 대규모 항의 시위가 일어날지도 모릅니다.

일본에는
더 강한 관세 압력이

트럼프가 확신을 가지고 있는 신념 중 하나는 동맹국이 미국의 방위비에 편승하여 자국의 방위비를 충분히 지불하지 않고 있다는 생각입니다.

일본은 2027년까지 국내총생산(GDP)의 2%를 방위비로 지불할 예정이지만 트럼프는 일본이 이보다 더 많은 비용을 내야 한다고 압력을 넣을 것입니다.

또 자신이 원하는 것을 손에 넣기 위해서 무역 상대국에 협박이라도 하듯 관세를 높게 부과하고 싶어 하는 이가 트럼프입니다. 그의 "그러지 않으면 호되게 당할 것이다"는 식의 말투에는 일본이 수출하는 자동차에 더 높은 관세를 적용하겠다는 뜻이 담겨 있지요. 혹은 일본에 주둔하고 있는 미군을 위해 좀 더 많은 돈을 갹출하기 위한 목적으로 고관세 전략을 쓸지도 모릅니다.

일본은 물론 비슷한 상황에 처한 여러 나라는 이러한 시나리오에 대비해야 합니다.

미국은 NATO에서
탈퇴할 것인가

트럼프는 방위비 부분에서 북대서양조약기구(NATO)에도 마찬가지로 증액을 요구할 것입니다.

트럼프는 NATO의 존재를 부정하지는 않습니다.

예전에 NATO 가맹국의 방위비 분담금이 목표액에 미치지 못한다면 "더 이상 동맹국들을 보호하지 않겠다. 아니 오히려 러시아에 원하는 대로 하라고 독려할 것이다"라고 발언한 바 있는데, 이는 목표액을 채우기만 하면 된다는 논리였을 뿐입니다.

이는 트럼프 1기 때도 마찬가지였습니다. 대통령 재임 중에 NATO 가맹국 대부분이 미국에 방위를 의존하고 있다고 불만을 표시했지요. 트럼프는 2기에 들어서면 분명히 가맹국들이 미국을 이용한다는 자신의 견해를 밀어붙이며 유럽의 여러 나라가 우크라이나를 지원하기 위해서라도 지금보다 더 많이 노력해야 한다고 요구할 것입니다. 미국은 NATO에서 완전히 손을 떼기보다는 가맹국과 거래 관계를 맺는 방식을 취할 것으로 보입니다.

또한 유럽 각국이 이미 방위비 지출을 늘리고 있다는 사실을 자신의 공으로 돌릴 것입니다. 이러한 점이 유럽 각국의 정부를 전전긍긍하게 만들겠지요. 미국이 유럽의 안전을 보장하는 중심적 존재에서 떨어져나가고, 명확한 리더도 없는 상황을 염려하지 않을 수 없기 때문입니다.

트럼프가 미국을 NATO에서 탈퇴시킬지도 모른다고 보는 전문가도 있습니다.

만약 미국이 탈퇴하더라도 세계적인 위기로 이어지지는 않겠지만 적어도 유럽에는 커다란 문제가 될 것입니다. 유럽 각국이 안전 보장상 중요한 문제, 특히 러시아의 위협에 어떻게 대처할지를 두고 서로 다른 견해를 보이다가 통합은커녕 분열을 일으킬 가능성도 있지요.

유럽 이외의 미국 동맹국들은 미국의 안보의 중심점이 각각의 지역으로 옮겨가면서 이익을 볼지도 모릅니다.

하지만 NATO에서 돌연 탈퇴할 경우 미국이 그동안 다른 동맹국들과 공유해온 견고했던 믿음에 금이 갈 수밖에 없습니다.

트럼프가 승리해도
우크라이나 지원은 계속될 것

트럼프는 자신이 대통령이 되면 24시간 안에 우크라이나 전쟁을 끝낼 것이라고 호언장담하고 있습니다. 덧붙여 자신은 전쟁을 끝낼 방법을 알고 있으며, 바이든이 전쟁을 통제 불능 상태로 만들었다고 주장하고 있지요.

전쟁을 멈추기 위해서는 미국의 군사 지원과 경제 제재를 지렛대 삼아, 우크라이나의 젤렌스키 대통령과 러시아의 푸틴 대통령을 설득해 전투를 일시 중지시키고 이들을 협상 테이블에 앉혀야 합니다. 이는 러시아에는 매우 받아들이기 쉬운 제안이지요.

반면 우크라이나는 무기와 자금 지원을 NATO와 유럽연합(EU)에 크게 의존하고 있어서 이러한 지원이 모두 끊긴다면 순식간에 감당할 수 없는 상황에 빠질 것입니다. 하지만 사태는 아마도 그러한 방향으로 흐르지는 않을 것 같습니다.

NATO, EU, 그리고 G7은 11월 미국 대통령 선거에서 누가 이기든 우크라이나에 지원이 계속되도록 힘을 합쳐왔습니다. 여기에는 EU의 금융·군사 지원 자금과, 동결된 (사실상 압류된) 러시아 자산의 이자를 이용하여 우크라이나에 최대 500억 달러까지 보내겠다는 G7의 계획도 포함되어 있지요. 우크라이나가 유럽과 미국에서 받는 지원이 결국에는 서서히 줄어들 것임은 분명하지만 2024년에 취해진 조치가 갑자기 트럼프에 의해서 취소되기란 불가능합니다.

**긴장 관계는
트럼프 정권 때부터 시작되었다**

트럼프가 대통령이었다면 애초에 러시아가 우크라이나를 침략하지 않았으리라고 보는 전문가는 많습니다.

Ian Bremmer

하지만 저는 트럼프가 러시아와 우크라이나 사이에서, 혹은 우크라이나에 침공한 러시아와 NATO 사이에서 커가는 문제를 봉쇄할 요량으로 미국의 힘을 행사했을 것이라고 보지 않습니다.

이러한 긴장 관계의 대부분은 이미 트럼프가 대통령이었던 시기에 일어났기 때문입니다. 미국은 우크라이나와 유럽 각국을 향한 러시아의 행동에 폭넓은 제재를 가했고, 트럼프는 대통령 재임 중에 대전차 무기를 우크라이나에 보냈습니다. 전임 대통령 버락 오바마였다면 절대로 그런 무기를 우크라이나에 보내지 않았을 테지요.

확실히 트럼프 쪽이 바이든보다 예측 불가능한 만큼 푸틴의 갑작스러운 침공을 미국이 막아냈을지도 모르긴 합니다. 하지만 또 한편으로는 트럼프가 대통령으로서 우크라이나에 부정적인 태도를 취했다면 미국의 군사 지원과 자금이 줄어 전쟁이 우크라이나에 훨씬 불리해지면서 NATO 가맹국 등 미국의 동맹국과의 긴장이 더 심화됐을 것입니다.

가자 지구 전쟁에
소극적인 바이든

제가 대표를 맡고 있는 유라시아그룹에서는 '2024년 세계 10대 위험 요인'의 두 번째로 '위기에 처한 중동'을 꼽았습니다. 어느 나라도 전쟁이 확대되기를 바라지는 않지만 전쟁은 팔레스타인 가자 지구 이외의 지역과 나라로 확대될 가능성이 있습니다.

트럼프가 가자 지구에서의 전쟁에 어떻게 대처할지는 대통령 선거가 끝날 때까지 전쟁이 어느 단계까지 진행될지, 또 미국 국내 분위기와 국제적인 감정이 어떨지에 따라 달라집니다. 물론 이스라엘의 국내 정치 상황도 영향을 미치겠지요.

다만 트럼프는 중동의 정세를 안정화하는 데 중요한 역할을 맡을 것으로 보입니다. 2020년 1기 때에는 '아브라함 협정'으로 아랍에미리트(UAE)와 바레인 등 주변 아랍 국가와 이스라엘의 국교를 정상화시킨 바 있지요. 그에게는 이해타산적인 성격과 함께 아랍 각국의 리더와 맺어온 긴밀한 관계가 있습니다.

Ian Bremmer

트럼프 1기 정부의 행보와 공식적인 발언을 보면 트럼프는 이스라엘 정부와 더 가까운 입장이지만, 전쟁이 계속되면서 이스라엘이 국제 여론의 지지를 잃고 있음에 우려를 표명하기도 했습니다. 앞으로는 페르시아만 연안 8개국(이란, 이라크, 쿠웨이트, 사우디아라비아, 바레인, 카타르, 아랍에미리트, 오만-옮긴이)의 연대가 예상되는 만큼 이스라엘에 대한 미국의 군사 지원은 계속될 것으로 보입니다. 하지만 트럼프는 바이든 정부와 달리 돌파구를 찾아내 새로운 양보를 이끌어낼 가능성도 크다고 생각합니다.

지금 상황에서는 이스라엘 네타냐후 총리가 11월 미국 대선보다 앞서서 타도될 가능성은 그리 크지 않아 보입니다. 또 팔레스타인의 식량 부족 문제, 이스라엘군의 가자 지구 구호단체 공격, 미국 의회의 보이콧 등을 이유로 바이든은 전쟁에 소극적으로 대응하고 있지요.

이스라엘과 하마스의 정전 협정은 거의 불가능해 보입니다 (현재 이스라엘과 헤즈볼라는 휴전에 들어갔으며, 하마스와의 휴전도 추진 중이다.-옮긴이).

바이든은 머지않아 평화 협정이 체결되리라는 낙관론을

고수했지만, 지금은 아마도 실현되기 어려울 것이라는 생각으로 바뀌었습니다. 전쟁이 시작되고 9개월이 지난 지금 바이든 정부는 인질로 잡혀 있는 다섯 명의 미국 시민의 자유를 확보하기 위해 하마스와 직접 대화할 가능성이 있음을 내비치고 있는 상황입니다.

중국이 가져올
위기와 기회

2기 트럼프 정부가 탄생하면 미중 관계는 어떻게 될까요.

물론 좋아질 가능성도, 나빠질 가능성도 있습니다.

어느 쪽이 됐든 대중 관계에 따르는 위기와 기회는 바이든 정부 때보다 커질 것입니다.

통상 정책 분야에서는 1기 정부에서 가장 유능했던 인물 중 하나로, 중국에 관한 견해가 트럼프와 일치했던 로버트 라이트하이저 전 미국 무역대표부(USTR) 대표를 재차 요직에 앉힐 것으로 보입니다. 그가 귀환하여 트럼프 2.0에서 강력할 역할을 맡는다면 미중 무역은 대립할 가능성이 큽니다.

트럼프가 좋아하는 정책 수단은 법외 관세를 요구하는 방식입니다. 중국과의 교섭에서 우위에 서기 위해 이를 교섭의 수단으로 사용하기를 주저하지 않겠지요.

한편 트럼프 정부가 중국에 최대한 압력을 가하면 중국과 뜻을 같이하는 다른 나라와도 무역 협정을 계속 유지하기는 어려울 것입니다.

하지만 트럼프는 관세 이외의 중국 문제에 대해서는 거의 무관심하다는 점에 주목할 필요가 있습니다. 트럼프는 거래주의적 성향을 갖고 있어서 중국과 특정 문제로 흥정이나 거래를 하는 데 언제나 적극적이지요. 다만 그의 팀 안에는 긴장을 고조시키기 위해 압력을 넣고자 하는 강경파가 포함되어 있을 가능성이 큽니다. 트럼프가 국방 및 이민 문제 등에 주력함으로써 중국 정책에는 어떠한 변화가 있을지는 그가 어떤 사람을 데려오느냐에 달려 있습니다.

공화당도 민주당도
포퓰리즘으로

트럼프는 무역 불균형에 반대하며 스스로를 '관세남(Tariff Man)'이라고 불러왔습니다. 그리고 바이든도 중국산 전기자동차(EV) 등에 부과하는 관세를 올리겠다고 발표했지요.

이는 바이든이 트럼프와 비슷해졌다기보다는 워싱턴 전체가 보호무역주의로 전환됐음을 나타냅니다. 민주당과 공화당 양당은 지난 10년간 정책의 방향을 포퓰리즘적으로 바꾸어왔지요.

또 중국을 좋게 말하면 경쟁 상대, 나쁘게 말하면 존망과 관련된 위협으로서 다루고 있는 부분에서는 초당파적인 의견 일치를 보이고 있습니다. 바이든 정부에서는 트럼프 정부 때 정해진 관세의 대부분을 유지했고 여기에 중국을 주 타깃으로 한 수출 규제를 추가했습니다. 바이든은 중국산 EV에 대한 무역 장벽을 강화해서 자신의 중요한 정치 기반의 일부였던 자동차 공장 노동자들을 포섭하고자 했지요. 다시 말해 민주당이 정권을 계속 가져간다 해도 보호무역주의는 유지될 것이며 국내 제조업에 대한 투자는 이어질 것입니다.

또한 트럼프가 다시 대통령이 된다면 보호무역주의는 더욱 강력해지고 무역 상대국에 새로운 관세가 부과되겠지요.

관료 조직을
개혁할 수 있을까

트럼프는 정치적 반대파에게 '보복하겠다'는 뜻을 여러 차례 내비쳤습니다. 아마 법무부와 국세청(IRS), 그 외 수사기관에 압력을 넣어 자신을 적대시하는 자들을 표적으로 삼겠지요. 그의 의도는 그들을 벌하여 공개적으로 망신을 주는 데 있는 듯합니다. 이 보복주의적인 매카시즘이 어디까지 나아갈지는 매우 중요한 문제가 아닐 수 없습니다. 좌파에서 우파까지 모두의 행동을 좌지우지하게 될 테니까요.

이는 대통령 선거를 앞두고 억제력을 행사하기 위해 의도된 행동입니다.

트럼프가 이러한 협박을 실행에 옮길 수 있을지 없을지는, 관련 기관을 얼마나 잘 정치적으로 이용할 수 있는지, 다시 말해 현재 연방 정부의 관료 조직을 제어할 수 있느냐 없느냐에 달려 있습니다.

관료 조직의 적극적인 개혁, 이른바 '스케줄 F' 계획은 이러한 변화의 일부를 가능케 하겠지요.

남북전쟁 이래 처음 찾아올
헌법상의 위기

트럼프 2.0은 권위주의로 치달을 가능성이 있다고 말하는 사람도 있습니다.

이른바 '딥 스테이트'라고 불리고 있는 관료 조직, 그리고 FBI와 CIA 등의 기관도 해체해버리는 것 아니냐며 걱정하는 사람까지 있지요.

이러한 기관의 운영을 정치화할 목적으로 하는 말이기에 저는 해체까지는 가지 않으리라 봅니다.

트럼프가 대통령에 취임하면 연방 정부 각 기관의 리더를 지명할 때, 공화당이 주도하는 상원의 반발을 받을 일은 거의 없을 것입니다.

Ian Bremmer

만약 트럼프에 충실한 인물이 이끈다면 CIA와 같은 조직은 트럼프의 의도에 맞춰 따라갈 확률이 높습니다. 이는 매우 큰 위험 요소로 그 조직의 운영 및 이용 방식에 커다란 변화를 가져오겠지요.

예를 들어 트럼프는 정치적 반대파를 표적으로 삼기 위해 법무부를 이용(악용)하겠다고 선언했습니다. 법원과 기존에 일했던 직원에 따라 제한이 있을 수는 있겠지만 백악관과 법무부의 규범을 깨는 데 거리낌이 없는 충실한 인물이 법무 장관에 임명된다면 실제로 법무부는 충분히 악용될 가능성이 있습니다.

그리고 트럼프가 '딥 스테이트'를 모조리 제거한다면 법의 지배에서 벗어나기가 한층 용이해집니다.

이렇게 되면 2기 트럼프 정부가 법을 어겼을 때 미 연방의 힘으로는 이를 억제할 만한 구제책을 찾기 어렵습니다. 의회가 분열되거나 상하 양원을 공화당이 지배한 경우라면 트럼프의 잘못된 행동을 지적할 사람은 아무도 없지요. 판사의 3분의 1이 트럼프에 의해 임명된 대법원은 아무리 독립성을 유지한다 해도 대통령에 대한 판결을 집행할 권한에는 한계가 있을 수밖에 없습니다.

미국에는 남북전쟁이 끝난 이래 지금껏 경험해본 적 없는 헌법상의 위기가 발생할지도 모릅니다.

다만 중요한 사실은 트럼프든, 민주당 후보자든 누가 이겨도 연방 정부에 대한 국민의 신뢰는 떨어질 것이라는 점입니다.

트럼프가 이기면 좌파는 그가 벌이는 모든 변화를 공공연하게 비난할 것이고, 반대로 민주당이 이기면 우파는 시스템이 트럼프에 불리하게 조작되었다는 증거로써 트럼프가 현재 겪고 있는 각종 법적 문제에 초점을 맞출 것이기 때문이지요.

**유죄 판결이
재선에 순풍으로**

트럼프가 성 추문 입막음을 위한 돈을 부정 처리했다는 혐의로 열린 재판에서 배심원단은 유죄 평결을 내렸습니다.

그러자 이 판결이 선거 자금 모금에 오히려 호재로 작용했습니다. 평결이 내려진 후 24시간 동안 5,300만 달러(약 720억

원)가 모인 것입니다.

트럼프는 최근 수개월 동안 선거 자금에서는 바이든보다 뒤처지고 있었는데 갑작스러운 모금액 증가로 지금은 민주당 진영을 거의 따라잡았습니다. 재선에 순풍이 된 것이지요.

김정은에게
다가가는 푸틴

유라시아그룹은 '2024년 세계 10대 위험 요인' 중 다섯 번째로 '불량 국가들의 군사 협력'을 들었습니다.

러시아·북한·이란이라는 세계에서 가장 강력한 불량 국가 세 나라는 러시아가 2022년 2월에 우크라이나를 침략한 이래 협력 관계를 강화하고 있습니다. 그들은 미국을 증오하고 자신들의 희생을 발판으로 서구권이 이익을 보았다고 생각해서 세계의 현 상황을 파괴하려는 의도로 결속하고 있지요.

푸틴은 24년 만에 북한을 방문하여 김정은 국무위원장과 회담하고, 양 정상은 '포괄적·전략적 동반자에 관한 조약'에 서명했습니다. 김정은은 이 관계를 '군사 동맹'이라고 부르고 있지요.

이제껏 있었던 러시아와 북한의 회합 중에서 가장 우호적이고 가장 공이 많이 들어간 회합이었습니다. 푸틴이 직접 평양에 가서 서약했다는 사실은 정말 대사건이라고 할 만하지요. 북한은 러시아에 무기를, 러시아는 북한에 기술을 제공한다는 내용이 이 협정에 부속되어 있으므로 앞으로 양국 관계는 더욱더 긴밀해질 것으로 보입니다.

우리 입장에서 보면 러시아의 체제에는 약점이 있습니다. 러시아는 (같은 불량 국가인 이란 이외에) 직접 군사를 지원해줄 준비가 되어 있는 나라가 달리 없기 때문에 북한에 다가갈 필요가 있었다는 점입니다.

과거 러시아는 북한을 좋게 말하면 성가신 존재, 나쁘게 말하면 짐처럼 여겼습니다. 하지만 북한에는 소련 규격의 포탄이 대량으로 남아 있어서 북한은 우크라이나 전쟁에 빼놓을 수 없는 공급원이 되었지요. 그리고 2023년에 김정은은 푸틴과 러시아에서 회담하며 북한이 러시아로부터 식량과 에너지, 인공위성 개발과 설비 배치와 같은 기술을 지원받는 대신, 러시아에 포탄과 로켓, 탄도 미사일을 공급하겠다는 거래를 했

Ian Bremmer

127

습니다.

북·러 동맹으로
중국은 궁지에

중국은 서로 협력하고 있는 불량 국가들에 해당하지 않습니다.
중국은 러시아의 우크라이나 침공을 공개적으로 비난하거나
지지하지 않은 채, 러시아의 석유를 저렴한 가격으로 구입하거
나 군민 양용 제품의 유통을 지속하는 것 이외에는 러시아를
지원하고 있지는 않지요.

중국은 러시아와 북한의 안전 보장 관계가 심화되고 있음
을 경계하면서 지켜보고 있습니다. 중국 당국은 2023년 9월에
김정은이 러시아에 방문한다는 사실을 공표되기 전까지 몰랐
음에 분개했었지요.

러시아와 북한 간의 신생 동맹은 중국을 궁지로 몰아넣고
있습니다.

중국은 북한이 러시아와 더 가까워지기를 원치 않습니다.
전 세계에서 가장 고립되어 있던 불량 국가 북한이 세계를 무

대로 위험한 도발을 하는데도 예전보다 보호받게 될 테니까요. 미사일 발사 실험과 연습, 사이버 공격, 스파이 활동 등에 더욱 열을 올려도 러시아에 의해 보호받는 것입니다.

물론 한국은 북한과 러시아의 관계에 불쾌감을 드러내고 있습니다. 러시아와 북한의 정상 회담이 있자 한국은 우크라이나에 직접적인 무기 지원을 재검토하겠다고 발표했지요. 이에 푸틴은 한국을 위협하며 "우크라이나에 무기를 제공하지 말 것, 제공한다면 이에 맞는 대가를 치르게 될 것"이라며 경고했습니다.

한편 미국은 한국 및 일본과 더 긴밀하게 군사적으로 협력하며 눈에 보이는 지원과 군사 훈련을 시행하고 있습니다. 그리고 이는 중국과의 관계에도 약간의 긴장을 불어넣고 있지요.

이로써 11월 미국 대통령 선거를 겨냥해 북한이 또다시 도발 행동을 할 것이라고 예상되는 이유는 늘어났습니다. 북한은 트럼프가 승리하면 자신들이 가장 큰 이익을 본다고 생각하는 정부 중 하나이지요.

푸틴도 김정은과 똑같이 트럼프의 재선을 바라고 있습니

다. 그러는 편이 협상에 유리하기 때문입니다.

저는 트럼프가 스스로는 협상에서 우위에 서려고 하겠지만 결국 상대에게 농락당하게 될까 봐 우려스럽습니다.

초예측
트럼프 2.0
새로운 시대

Chapter 6

**'미국 주도의 세계'는
더 이상 유효하지 않다**

제프리 삭스
Jeffrey Sachs

●

국제 금융, 거시경제 정책에 관해 탁월한 능력을 인정받고 있는 세계적인 경제학자. 미국 컬럼비아대학교 교수이자 반기문 전 유엔사무총장 특별자문관이었다. 하버드대학교를 최우등으로 졸업하고 1980년에 박사 학위를 받았다. 이후 29세인 1983년에 하버드대학교 최연소 정교수가 되었다. 하버드 국제개발연구소 소장으로 있으면서 개도국 거시경제 정책 및 경제 개발 이론에 대해 많은 연구를 하였으며 IMF, OECD, UNDP, 세계은행 등 국제기구 자문위원을 역임했다. 또한 1986년부터 5년간 볼리비아 대통령 자문역을 맡았으며, 당시 인플레이션을 40,000%에서 10%대로 끌어내리고 1980년대에 처음으로 부채 감축 프로그램을 성공시킨 것으로 유명하다. 〈뉴욕타임스〉로부터 '세계에서 가장 중요한 이코노미스트'라는 평을 받은 바 있고, 2004년과 2005년 〈타임〉으로부터 2년 연속 '세계에서 가장 영향력 있는 100인'에 선정되기도 했다. 주요 저서로는 《세계 경제의 거시경제학》, 《커먼 웰스》가 있다.

컬럼비아대학교의 제프리 삭스 교수는 개발도상국의 경제를 재건하기 위해 '임상 경제학'을 적용하여 인류의 평등을 이뤄내고자 하는 등 극도의 빈곤 문제를 해결하는 데 앞장서왔다. 미국의 시사 주간지 〈타임〉의 '세계에서 가장 영향력 있는 100인'에 2회에 걸쳐 선정되기도 했다.

현재 UN 사무총장의 특별자문관을 맡고 있는 제프리 삭스는 미국 정치에 대해서도 활발히 발언하고 있다. 2020년에는 당시 트럼프 대통령을 두고 "안정된 인격을 갖추지 않은, 전 세계와 미국 국민에게 매우 위험한 인물로 미국 역사상 최악의 대통령이다"라고 언급했다. 최근에는 우크라이나 전쟁 등을 들며 바이든의 외교 정책은 실패했다고 단언하고 있다.

트럼프 2.0으로 세계는 어떤 변화를 맞을까.

'세계에서 매우 중요한 경제학자'라고 평가받는 제프리 삭스에게 물었다.

바이든이
핵전쟁의 위험을 높였다

바이든 대통령의 외교 정책은 완전히 실패했습니다.

러시아·우크라이나 전쟁을 '민주주의 대 독재주의의 전쟁'으로 보고 있는 바이든은 미국의 패권을 믿으며 미국은 선, 중국과 러시아, 이란은 모두 악이라고 규정하고 있지요.

이는 매우 단순한 관점으로, 세계를 커다란 위기로 몰아넣고 있습니다. 중국, 러시아, 이란만이 아니라 다른 많은 나라와의 대립을 불러일으켰지요.

바이든의 외교 정책은 세계를 더욱 분열시켜서 세계 규모의 전쟁이 일어날 위험을 높였으며, 나아가 핵전쟁이 발발할 가능성도 키웠습니다.

지금 미국은 그 어떤 문제도 해결하지 않고 있습니다.

바이든은 부정하지만, 우크라이나 전쟁은 NATO가 세력을 러시아 국경까지 확대하면서 유발된 것입니다.

트럼프의 외교는
변덕스럽고 예측 불가다

2020년 대통령 선거에서 도널드 트럼프가 당선되었다면 우크라이나 전쟁은 일어나지 않았으리라 보는 전문가는 많습니다.

하지만 트럼프가 대통령이었다면 그 대신 무슨 일이 일어났을지는 아무도 알 수 없습니다. 원래 트럼프의 외교 정책은 변덕스럽고 예측이 불가능하기 때문이지요. 아마 앞으로도 계속 이와 같을 것입니다.

게다가 트럼프의 외교 정책은 당시에 어떤 조언자가 영향력을 가졌는지에 따라 좌지우지됩니다. 가령 존 볼턴이 국가안전 보장회의 보좌관이었던 2018년부터 2019년에는 트럼프의 외교 정책이 매우 호전적이었습니다.

더욱 중요한 사실은 미국의 외교 정책에서는 백악관의 결정만큼이나 안전보장기구와 군산 복합체(군과 기업이 서로의 이익을 위하여 의존하는 체제-옮긴이)의 결정을 중요시한다는 점입니다.

트럼프가 대통령일 때 미국은 몇십억 달러의 무기를 우크라이나에 제공했습니다. 그리고 트럼프 정권 시절 우크라이나 정부는 돈바스 지역의 분리 독립을 두고 공연히 전쟁을 걸어왔지요. 그런 와중에도 NATO는 우크라이나로 확장 정책을 펼쳤습니다.

또한 트럼프는 중국과 이란에 대해서도 꽤 호전적입니다.

우크라이나 전쟁이 끝날 가능성은 트럼프가 대통령이 되는 쪽이 높지만, 그가 대통령이 되면 전체적인 미국의 외교 정책은 매우 호전적인 성향을 띨 것입니다.

정치도 외교도
거래주의

트럼프는 NATO 가맹국이 방위비를 충분히 내지 않는다면 만일에 러시아가 공격해 오더라도 방어하지 않고 러시아에 "하고 싶은 대로 하라"고 전하겠다며 분명하게 경고했습니다.

그의 성격은 적의로 가득하며 정치와 외교 분야에서도 '거래 우선주의'를 고집합니다. 항상 비즈니스상의 거래를 하고 있는 것 같지요.

따라서 트럼프의 말은, 있는 그대로 받아들여서는 안 되며 공연히 큰소리를 치거나 마구 으스대기도 하며, 때로는 본보기를 보여주려거나 흥정을 하는 중임을 파악해야 합니다.

트럼프는 선거 운동 기간 중 표를 모으기 위해서 이런저런 말을 많이 했습니다.

만일 트럼프가 대통령으로 돌아온다면 우크라이나 전쟁을 바로 끝내려고 할 것입니다. 틀림없이 미국은 NATO의 확장을 막는 대신 러시아가 전쟁을 중단하도록 푸틴 대통령과 거래를 하려고 하겠지요.

이는 바이든이 했어야 할 거래였음이 분명한데도 불구하고 그는 지나치게 완고하고 시야가 좁은 탓에 잘못된 방향으로 가고 있습니다.

세계는 외교를
필요로 한다

트럼프가 재선에 성공하면 미국이 NATO에서 탈퇴할 것이라고 보는 사람이 많습니다. 또한 트럼프가 대통령이 되는 것이 세계가 안정을 찾는 데 유리하다고 보는 사람도 꽤 있습니다.

저는 그렇게 생각하지 않지만, 차기 대통령에 민주당 후보자가 선출되든 트럼프가 선출되든 지금 세계에는 새로운 지정학적 질서가 필요하다는 사실만큼은 분명해 보입니다.

'미국이 주도하는 세계'라는 생각은 이제 완전히 시대에 뒤떨어진, 매우 위험한 발상입니다.

미국이 세계를 좌지우지하고 있다는 생각은 언제나 오만했으며, 중국이 대두하고 러시아는 여전히 강력하며 나아가 브라질, 사우디아라비아, 이란 등의 많은 나라가 힘을 키우고 있는 현재로서는 더욱 맞지 않는 판단이지요.

세계는 외교를 필요로 하고 있습니다.

군사 블록이나 '민주주의 국가' 대 '독재주의 국가' 간의 대립이 필요한 것이 아닙니다.

일본은 중국과 양호한 관계를 구축해야 하며, 안정을 유지한다는 목적으로 미군에만 의존해서는 안 됩니다. 미국의 정책은 불안정하기 때문입니다.

팔레스타인에
평화는 올 것인가

팔레스타인 가자 지구에서의 이스라엘 국방군과 하마스 사이의 전쟁은 언제 끝날까요.

제 생각에는 팔레스타인이 국가로서 주권을 가지고 UN 가맹국이 되기 전까지는 평화가 오지 않을 것 같습니다. 바꿔 말하면 팔레스타인이 동예루살렘에 수도를 두고, 3차 중동 전쟁 하루 전인 1967년의 정전선(停戰線)을 국경으로 삼는 것입니다. 이와 더불어 미국과 이스라엘 이외의 모든 나라가 "팔레스타인이 UN에 가입할 때가 되었다"고 주장할 때 전쟁은 끝날 것입니다.

트럼프는 바이든 이상으로 친이스라엘 성향을 가지고 있습니다.

즉, 가자 지구의 평화는 세계 여러 나라가 미국과 이스라엘에 '이미 기한이 끝났음'을 말하는 데에 달려 있지요. 팔레스타인이 UN 가맹국으로서 승인받고, 최종적으로는 독립 국가로서 인정받는 '두 국가 해법'이 가장 이상적이라고 생각합니다.

중국을 위협이라고 규정한 건
미국

미국의 국가 안전 보장 당국은 중국을 두려워하는 까닭에 항상 중국에 적대적인 태도를 취합니다. 이러한 대중 정책에는 미국이 세계적인 우위성을 잃지나 않을까 하는 공포심이 깔려 있지요. 하지만 이는 중국에 대한 무지에서 비롯된 것입니다.

중국은 결코 미국에 위협적인 국가가 아닙니다.

Jeffrey Sachs

오히려 미국이 중국을 위협이라고 규정해버린 것이지요.

바이든 정권과 마찬가지로 트럼프 정부에서는 중국에 매우 공격적으로 대응할 것입니다.

한국·일본·중국은 평화적이고 조화롭게 서로 협력하면서 동북아시아의 번영을 도모하고 상호 안전 보장을 강화해나가야 합니다. 이는 세 나라를 위하는 길일뿐 아니라 전 세계를 위하는 길이기도 하지요.

〈뉴욕타임스〉나 〈워싱턴포스트〉와 같은 미국의 주류 미디어는 미국 국가 안전 보장 당국의 마우스피스, 즉 대변자입니다.

그래서 우크라이나 전쟁과 NATO의 확장, 중국에 대한 공격적인 정책을 100% 지지하지요. 매일 이런 주류 미디어가 수많은 무지를 퍼뜨리고 있는 것입니다.

결국 미국은
위기에 처한다

트럼프는 무역 불균형을 매우 싫어합니다. 그래서 그가 FRB의 독립성을 박탈하여 달러의 가치를 조작할지도 모른다는 우려의 목소리가 높아지고 있지요.

하지만 트럼프가 금융 정책으로 할 수 있는 일에는 한계가 있기 때문에 재정 정책으로 이를 통제하려 들 것입니다. 아마도 큰 폭의 감세를 추진하다 재정 적자를 증대시켜서 사회 지출을 삭감하지 않을까 싶습니다.

이러한 방식은 미국의 정치적·재정적·금융적 위기를 불러일으킬 가능성도 있지요.

또한 그는 재선하면 보복하겠다고 말하고 있는데 아마도 사법 제도를 활용해서 정적을 응징하려 할 것 같습니다.

나아가 자신의 권력과 정적에 대한 지배력을 강화하기 위해서 FBI나 CIA, 그리고 이른바 '딥 스테이트'라고 불리는 기관을 개혁하려고 하겠지요.

반대로 만일 민주당이 승리한다면 어떻게 될까요.

역사학자이자 저의 동료인 컬럼비아대학교 교수 애덤 투즈는 6월 하순에 세계경제포럼(WEF)에서 주최한 회의에서 이렇게 말했습니다.

"정치적인 관점에서 보면 바이든이 승리하는 쪽이 훨씬 더 위험한 시나리오다."

투즈는 민주당의 승리가 가져올 불확실성은 공화당이 두 번째 트럼프의 패배에 어떻게 반응하는가에서 기인한다고 설명합니다. 이를 시장(市場)은 안정성을 상실한 결말이라고 볼 가능성이 있다고도 말하지요.

저도 그의 의견에 동감합니다.

민주당이 이긴다 해도 미국의 깊은 당파 간 대립은 시장에 불확실성을 가져올 우려가 있으며, 공화당은 이에 더욱 반발할 것이기 때문입니다.

미국의 함정에
빠지지 마라

국제 관계에 있어 저는 일본에 이렇게 조언하고 싶습니다.

일본은 안전 보장을 미국에만 의존해서는 안 됩니다.

중국과는 평화로우면서도 조화로운 관계를 구축하고, 한국과는 굳건한 관계를 유지해야 합니다. 아울러 미국과 중국 간의 대립을 격화시키지 말고 동남아시아국가연합(ASEAN)을 포함한 동아시아의 번영을 도모해야 합니다.

　미국은 현재의 패권을 유지하고 싶어 하므로 앞으로 수년 동안 외교 정책이 불안정하고 위험해질 가능성이 큽니다.

　이는 트럼프든 민주당이든 다 마찬가지입니다.

　세계의 여러 나라는 UN 헌장을 바탕으로 현명하면서도 평화적으로 함께 힘을 모아 행동해야 합니다.

　세계를 '미국'과, 그 반대편에 있는 '중국, 러시아, 이란'으로 나눠서 생각하려는 '미국의 함정'에 빠져서는 안 됩니다.

　이렇게 분열된 세계는 실로 위험한데 이미 세계는 그 길로 접어들고 있습니다.

Chapter 7

트럼프,
독재자의 들러리가 되다

존 볼턴
John Bolton

●

1948년 미국 메릴랜드주 볼티모어시 출생. 예일대학교를 졸업하고 동 대학 로스쿨을 수료한 뒤 법무 박사(J.D.)를 취득했다. 2005년부터 2006년까지 주 UN 미국대표부 대사로 일했으며, 레이건·조지 H. 부시·조지 W. 부시 3개 정부에서 고위 관료직을 맡은 바 있다. 저서로는《그 일이 일어난 방》등이 있다.

존 볼턴은 2018년 4월부터 2019년 9월까지 트럼프 정권 하에서 백악관 국가안전보장회의(NSC) 보좌관을 지내며 미국의 외교 및 안전 보장 정책을 담당했던 인물이다. 공화당에서 으뜸가는 강경파이자 대북 제재에 앞장섰던 인물로도 유명하다. 대북 외교를 둘러싸고 트럼프와 대립하다가 대통령 보좌관에서 해임되었다.

트럼프 외교의 뒷이야기를 담은 저서 《그 일이 일어난 방》은 미국에서 출간 직후 일주일 동안 무려 78만 부가 판매되는 등 세계적인 베스트셀러가 되었다.

트럼프가 다시 대통령 자리로 돌아온다면 미일 동맹과 북대서양조약기구(NATO)는 위기에 빠질까.

푸틴과 시진핑, 김정은은 트럼프를 어떻게 보고 있을까.

우크라이나와 가자 지구에서 벌어지고 있는 전쟁은 어떻게 될 것인가.

트럼프 외교를 가까이에서 지켜봤던 존 볼턴에게 물었다.

미일 동맹은
예기치 못한 상황으로

만일 도널드 트럼프가 차기 미국 대통령으로 선출된다면 미일 동맹이 위기에 처하지 않겠냐는 것이 일본 정부가 갖고 있는 매우 심각한 우려 중 하나일 것입니다.

제가 단언할 수 있는 부분은 트럼프가 '동맹의 본질'에 대해 잘 모른다는 점입니다.

따라서 미일 동맹은 전혀 예기치 못한 상황으로 빠질 가능성이 있습니다.

우선 일본이 알아두어야 할 점은 트럼프는 미일 동맹의 의의를 전혀 이해하고 있지 않다는 점입니다. 미국은 '선의를 바탕으로 일본을 방위하고 있다'고 생각하며 이러한 미국의 호의에 일본이 충분한 보상을 제공하지 않는다고 믿고 있지요.

상호 방위 조약이 동맹국 모두에게 이익을 가져다준다는, 즉 동맹국이 각자 자국을 방위하기보다는 협력해서 집단 안전보장 체제를 구축하는 편이 자국을 지키는 데 유리하다는 사실을 트럼프는 받아들이지 않고 있습니다. 미일 동맹과 같은 관계를 유지할수록 미국에 손해라고 생각하지요.

안타깝지만 그가 대통령 퇴임 후에 현명해졌으리라고 보기는 어려울 것 같습니다.

세계 정세는
근본적으로 달라졌다

트럼프가 대통령 자리에서 물러난 지 3년이 조금 지난 지금, 중국과 북한, 러시아가 세계를 향해 가하고 있는 위협은 오히려 더 커졌습니다.

그럼에도 조 바이든 대통령은 오바마 전 대통령의 '전략적 인내' 정책을 따르며 아무것도 하지 않고 있습니다. 그동안 러시아는 우크라이나 전쟁을 일으켰고, 중국과 대만의 긴장 관계는 고조되었으며, 북한은 핵무기와 탄도 미사일 개발을 착착 진행해왔습니다.

기시다 후미오 총리가 일찌감치 밝혔듯이 일본이 GDP의 2%까지 방위비를 늘리면 일본은 세계에서 세 번째로 강한 군사 대국이 됩니다.

만일 트럼프가 다시 대통령이 된다면 일본은 방위비를 크게 늘릴 예정임을 가장 먼저 설명해야만 하겠지요.

그리고 트럼프가 미일 동맹을 깨지 않도록, 그가 정권을 잡고 있었을 때와 비교하면 지금은 세계 정세가 근본적으로 달라졌음을 그에게 이해시키는 것이 매주 중요합니다.

미국은 이미 긴박해지고 있는 세계 정세에 대해 다양한 대책을 강구해왔습니다.

예를 들면 2021년에 호주·영국·미국 3개국은 오커스(AUKUS)라는 동맹을 맺었습니다. 이는 호주의 핵 잠수함 개발을 지원하기 위한 명목으로 시작된 군사 동맹이지요. 이 외에도 미국은 필리핀과 협력 체제를 구축하여 미국·한국·필리핀 3개국에서 군사 훈련을 시행하는 데 동의를 얻었습니다.

트럼프가 다시 대통령이 되든 아니든, 미국은 방위비를 2022년도 GDP 대비 2.85%에서 3.5% 정도까지 늘려야 할 것입니다.

혹은 로널드 레이건 정권(1981~1989년) 때처럼 5~6%까지 올려야 할지도 모르지요. 그때는 냉전 종반 무렵으로 소련의 위협이 매우 높았던 탓에 방위비도 그 정도까지 증가했었습니다.

지금 세계가 겪고 있는 위협은 국제적인 테러와 같은 늘 경계해야 하는 일상 속의 위협만이 아닙니다. 온갖 위협이 우리 곁에 도사리고 있지요.

우리는 핵 확산, 사이버 전쟁, 우주 전쟁 등과 같은 모든 위협에 대비해야만 하는 시대를 살고 있습니다.

아시아에만 주목해서는
안 된다

"미국의 국력은 한정되어 있고, 지금 가장 주요한 위협은 중국
이다. 그리고 중국의 현재 최대의 관심사는 대만이다. 그렇다면
우크라이나 전쟁이나 중동 전쟁에 눈을 돌리지 말고, 미국은
중국, 특히 대만에 집중해야 한다"는 주장이 자주 거론되고 있
습니다.

하지만 저는 이와는 다른 의견을 가지고 있습니다.

미국은 계속해서 강대국으로 남아 있을 수 있는 힘을 분명
히 가지고 있습니다.

그리고 그 지위를 유지하려면 더욱더 큰 국력이 필요하
지요.

그렇기 때문에 미국은 방위비를 늘려야 합니다. 세계의 안
정을 계속해서 지켜나가야 미국도 꾸준히 번영할 수 있습니다.
미국의 경제력이라면 이를 실현하는 게 그리 어려운 일은 아닙
니다.

따라서 미국이 유럽과 중동의 상황은 잊어버리고 아시아

에만 주목하는 것은 잘못된 전략입니다. 미국이 어느 한 지역에서 눈을 떼면 반드시 그 틈으로 중국이나 러시아 등 다른 적대국이 발을 들이밀려고 할 것입니다.

2024년 3월 중국과 러시아, 이란 3개국은 중동 오만만에서 해군 합동 훈련을 진행했습니다. 나아가 중국은 러시아로부터 석유와 천연가스의 수입을 늘리고, 자국의 금융 시스템을 통해 자금 세탁을 하여 러시아의 우크라이나 전쟁을 돕고 있습니다. 또 러시아에 북한은 무기를, 이란은 드론을 공급하고 있지요.

중국과 러시아라는 새로운 축과 이들을 따르는 나라가 협력하기 시작하면 이러한 사태가 빚어집니다.

제가 가장 염려하는 부분은 중국의 위협에만 집중하면 된다고 생각하는 동안 미국이 일종의 '고립주의'에 빠지는 것입니다.

동맹국을 보호하지 않겠다는
발언의 진의는

미국이 방위비를 GDP의 5~6%까지 올린다면 동맹국에도 3~4%까지 올리도록 요구하는 것은 정당합니다.

트럼프가 재선해서 방위비 인상을 요구한다 해도 전혀 놀라운 일은 아니지요.

2024년 3월 영국 그랜드 샤프스 국방 장관은 앞으로 영국의 방위비를 GDP 대비 3%까지 올리는 것을 검토 중이라고 말해 유럽에서 뜨거운 논란이 벌어졌습니다.

올해로 설립 75주년을 맞이한 NATO에서는 앞으로의 미래에 대해 많은 논의를 하고 있습니다. 특히 지금 각국은 적절한 방위비 지출이 어느 정도인지에 대해 한창 재검토하는 중이지요. NATO 회원국이 직면한 위협은 계속 늘어나고 있는 데다 이를 피하기는 어려워 보이기 때문입니다.

2024년 2월 사우스캐롤라이나주에서 열린 선거 유세에서 튀어나온 트럼프의 NATO에 관한 발언은 큰 물의를 일으켰습니다.

과거 자신이 대통령으로서 NATO 정상 회의 참가했을 때 어느 강대국의 대통령으로부터 "우리가 방위비를 충분히 내지 않는다면 러시아가 우리를 공격했을 때 보호해주겠느냐"는 질문이 오자 "아니, 보호하지 않겠다. 러시아가 하고 싶은 대로 하도록 부추기겠다"고 대답했다는 내용이었지요.

이러한 그의 발언이 유럽 동맹국들의 방위비 증액을 위한 협박인지, 아니면 진심으로 NATO에서 탈퇴할 작정인지를 둘러싸고 논의가 끓어올랐습니다.

NATO에서
탈퇴할 수도 있다

트럼프는 나쁜 의미에서 자신이 한 말은 꼭 지키는 사람입니다.

저는 대통령 보좌관으로 재임하던 시절 17개월 동안 바로 옆에서 그를 지켜보았습니다. 트럼프가 여러 번 같은 말을 반복한다면 이는 진심이라고 생각하는 편이 맞습니다.

그렇다면 이번 발언의 진의는 무엇일까요.

선거 유세에서 NATO에 대해 발언한 후 트럼프는 이렇게 말했습니다.

"NATO 가맹국이 우리를 공평하게 대한다면 우리도 NATO를 지원하겠다."

이는 방위비를 상황에 맞게 제대로 지불한다면 보호해주겠다는 의미이지요.

한편 트럼프의 조언자 중 한 명은 NATO를 두 집단으로 나누는 구상을 제안하고 있습니다.

첫 번째 집단은 GDP 대비 2% 이상의 방위비를 내는 동맹국을, 두 번째 집단은 2%를 내지 않는 동맹국을 가리킵니다.

미국은 첫 번째 집단은 보호하겠지만, 두 번째 집단은 보호하지 않겠다는 전략이지요.

이는 너무나도 비현실적이며, 비정상적인 구상임이 분명하지만 트럼프라면 실행 가능할지도 모릅니다.

물론 NATO에도 여러 가지 문제점이 있습니다. 하지만 이는 어느 동맹이나 마찬가지이지요. 개선할 수 있는 여지는 분명히 있습니다.

저는 유럽 동맹국에게 몇 년 전부터 방위비 지출을 늘리도록 재촉했지만 이는 어디까지나 NATO를 강화하기 위해서였습니다.

하지만 동맹 그 자체의 존재를 비난하는 것은 동맹국만이 아니라 미국에도 해를 끼칩니다.

물론 트럼프는 이를 잘 알지 못합니다. 그는 NATO에서 탈퇴하는 것도 마다하지 않겠다는 자세로 방위비 증액을 동맹국에게 요구하겠지요.

이는 무슨 이유에서일까요.

트럼프에게 방위비 증액 요구는 NATO 탈퇴를 두고 협상을 벌일 때 쓸 수 있는 가장 강력한 카드이기 때문입니다. NATO는 미국에 아무런 도움이 되고 있지 않다는 사고가 깔려 있는 것이지요.

따라서 트럼프가 대통령에 당선되는 것은 단적으로 말해 매우 위험합니다. 그렇게 된다면 미국이 NATO에서 탈퇴할 가능성도 커지기 때문입니다.

NATO 탈퇴는
세계를 전율하게 만드는 선택

NATO 탈퇴는 미국을 파멸로 이끄는 선택입니다.

전 세계, 특히 유럽을 지금보다 훨씬 위험한 상태로 빠트릴 수 있지요.

현재 미국을 대신할 나라는 그 어디에도 없습니다.

만일 미국이 여러 동맹 중에서도 가장 역사가 깊고, 가장 성공적인 NATO에서 탈퇴한다면 미국과 동맹 관계를 맺고 있는 다른 나라들도 더 이상 미국을 신용할 수 없을 것입니다.

특히 인도-태평양 지역에서 미국과 동맹을 맺고 있는 나라들의 우려는 커질 것입니다. 미국이 동맹을 차례차례 파기하고 고립주의를 취한다면 틀림없이 중동도 순식간에 대혼란에 빠지겠지요.

따라서 미국의 NATO 탈퇴는 세계를 전율하게 만드는 선택이 아닐 수 없습니다.

트럼프가 재선에 성공하면 그의 조언자 중 현명한 누군가는 NATO 문제에서 다른 문제로 트럼프의 관심을 돌릴 방법을 찾아야 합니다. 만일 트럼프가 긴급하게 개혁이 필요한 기관을 찾고 있다면 UN을 표적으로 삼도록 유도해야 합니다.

실패하면 그저
남의 탓일 뿐

"내가 대통령이 된다면 24시간 안에 우크라이나 전쟁을 끝낼 수 있다."

트럼프는 2023년 5월 이렇게 호언장담했습니다.

그는 근거 없이 큰소리를 칠 때가 자주 있는데, 사실 이는 증명도 부정도 할 수 없는 일일 뿐이지요.

트럼프의 발언에 대해 우크라이나 젤렌스키 대통령은 "미국이 독단적으로 평화 협정을 체결시키려는 것은 매우 위험하다"고 반론했습니다. 우크라이나는 트럼프가 실제로 24시간 안에 전쟁을 종결시키려다 실패해서 자국의 정세가 더욱 혼란에 빠질까 봐 두려워하고 있습니다.

하지만 트럼프의 머릿속에는 '나에게 실패란 없다. 만일 실패한다면 이는 내 탓이 아니라 항상 다른 누군가의 탓이다'라는 사고방식이 자리 잡고 있습니다.

그러니 우크라이나 종전에 실패한다면 그는 젤렌스키를 탓할 것입니다.

트럼프는 우크라이나 전쟁을 자신의 친구인 푸틴 대통령이 일으켰다고 보지 않습니다.

따라서 그가 대통령이 된다면 우크라이나에 대한 미국의 지원을 끊을 가능성도 있지요. 물론 만일 그렇게 된다고 해도 우크라이나가 바로 무너지진 않을 것입니다.

하지만 이러한 결정은 유럽만이 아니라 인도-태평양 지역에도 심각한 영향을 미칩니다.

미국이 우크라이나를 버린다면 중국은 '훨씬 멀리 떨어져 있는 인도-태평양 지역도 보호하지 않을 것'이라고 판단할지도 모릅니다. 이와 동시에 인도-태평양 지역의 많은 나라가 중국의 움직임에 촉각을 곤두세우게 되겠지요. 결국 인도-태평양 지역의 정세도 불안에 빠질 것입니다.

허울만 좋은
카우보이

트럼프는 신종 코로나바이러스가 중국 우한에서 기원했다고 생각합니다.

코로나바이러스가 가져온 미국 경제와 사회의 부정적 영향은 이루 말할 수 없을 정도였고 이 때문에 2020년 대통령 선거에서 자신이 희생당했다고 믿고 있지요.

그래서 중국에 대해서는 지극히 비판적인 태도를 가지고 있으며 중국에서 들어오는 수입품에 관세를 60%까지 부과하겠다고 주장하는 것입니다.

하지만 이는 미국 텍사스주의 말로 표현하자면 "All hat and no cattle(몰아야 할 소도 없는데 카우보이가 겉치레로 모자만 썼다는 뜻-옮긴이)"인 상황입니다.

말하자면 허울만 좋은 카우보이라는 뜻으로 말로는 큰소리를 치지만 실제로는 아무것도 하지 않고 또 할 수도 없는, 실속 없는 상태를 의미하지요.

이는 트럼프와 딱 들어맞는 말입니다.

트럼프가 대통령이었을 때 미국은 이스라엘의 강력한 지원자였습니다. 만일 그가 다시 대통령이 된다면 당연히 그때와 똑같은 태도로 이 전쟁을 대할 것이라고 많은 이들은 예상하고 있지요. 하지만 이는 잘못된 생각입니다.

실제로도 트럼프는 가자 지구에서 벌어지고 있는 이스라엘의 행동을 몇 번이나 강력하게 비난했습니다.

트럼프 정권 동안 전쟁은 일어나지 않았습니다. 그래서 트럼프는 전쟁을 싫어한다고 말하는 사람도 있지요.

하지만 제 생각으로는 결과적으로 그렇게 됐을 뿐 트럼프는 전쟁을 싫어하지 않습니다. 그는 자신이 책임져야 하는 문제가 일어나는 것을 싫어할 뿐이지요.

말하자면 그에게는 철학이 없습니다.

우리는 보통 국익을 감안해서 최선의 정책을 세우려고 노력하지만, 트럼프는 자신에게 이익이 될지 아닐지를 기준으로 사안을 대합니다.

그의 눈에는 가자 지구에서 일어나고 있는 전쟁이 불필요한, 달갑지 않은 문제로 보일 것입니다. '전쟁이라서'가 아니라 '자신이 해결하기 매우 어려운 문제'라는 이유로 그저 기피하는 것이지요.

트럼프는 가자 지구 전쟁을 두고 지금은 바이든을 비난하고 있지만, 속으로는 자신이 대통령으로 돌아왔을 때는 부디 끝나 있기를 진심으로 바라고 있을 것입니다.

푸틴, 시진핑, 김정은의
트럼프관

저는 대통령 보좌관 재임 시절 푸틴과 트럼프의 회담에 동석하여 그들의 대화를 바로 옆에서 들었습니다.

트럼프는 자신이 푸틴과 좋은 관계를 맺고 있다고 말하지만 이는 트럼프의 착각입니다.

푸틴은 트럼프를 이용하기 좋은 상대로 보고 있지요.

푸틴은 자신이 러시아를 어떻게 이끌어가고 싶은지 명확하게 알고 있으며 이를 위해서라면 무슨 일이든지 하려고 합니다. 그는 트럼프를 속이기 쉬운 상대라고 보고 능숙하게 그를 대하며 기회를 노려 왔지요.

시진핑과 김정은도 푸틴과 비슷한 관점으로 트럼프를 보고 있습니다.

저는 시진핑과 트럼프의 회담에도 함께했었습니다.

시진핑은 아첨에 매우 능숙한 사람입니다. 집요할 만큼 트럼프를 치켜세우는 통에 저는 진절머리가 날 지경이었지만 트럼프의 얼굴에는 웃음이 가득했지요.

김정은도 시종일관 미소를 잃지 않고 아부하는 데 여념이 없었습니다.

시진핑도 김정은도 트럼프가 국제 정세를 잘 모른다는 점을 간파하고 있습니다. 그래도 이를 악용해서 트럼프에게 굴욕을 주려고 하지는 않습니다. 만일 그렇게 했다가는 그를 적으로 만들어버릴 수도 있기 때문이지요. 그들은 트럼프가 재선에 성공하면 어떻게 해야 자신들에게 유리하게 그를 이용할지 호시탐탐 기회만 엿보고 있을 것입니다.

트럼프는 아첨에 약해서 세계의 많은 리더가 트럼프와 잘 지내려면 아부가 제일 효과적이라고 생각합니다.

2018년부터 2019년까지 3회에 걸쳐 트럼프와 김정은이 회담했을 때는 트럼프는 자신이 하고 있는 일의 의미를 이해하지 못했습니다.

특히 2019년 하노이에서 열린 2차 회담에서는 아무런 합의도, 약속도 없이 결렬로 끝나고 말았지요.

그 이유는 우리 정부 직원들이 트럼프에게 무엇이 정치적으로 이익인지를 설명하고 미국의 국가 안전 보장을 위해 최선의 선택을 하도록 이끌었기 때문입니다.

우리는 만일 합의 내용이 북한을 비핵화시키는 것이 아니라, 김정은의 제안을 받아들이는 꼴이 될 경우 미국은 막대한 정치적 타격을 입게 되고 그가 다음 대선에서 질 가능성이 있음을 전하며 트럼프를 설득시키는 데 성공했지요.

하지만 트럼프가 다시 정권을 잡는다면 이번에도 주위 사람들이 그를 마찬가지로 설득할 수 있을지는 모르겠습니다.

만일 제가 김정은이라면 트럼프가 대통령에 당선된 다음 날 전화를 걸어 되도록 빨리 회담을 열자고 하겠습니다.

그리고 그를 평양으로 초대하겠지요. 그러면 트럼프는 북한에서 김정은과 회담하는 최초의 미국 대통령이 될 것입니다.

그러한 부분이 트럼프의 자부심을 부추기고, 흥미를 끌게 하는 것이지요.

국제 관계는
인간관계로 결정되지 않는다

푸틴을 비롯한 미국의 적대국 리더들은 트럼프 1기 정부 때 그가 어떤 사람인지를 꽤 정확하게 파악하여 그가 다시 대통령으로 돌아온다면 그를 어떻게 다뤄야 할지 잘 알고 있습니다.

독재주의자들의 입장에서 보면 트럼프는 다루기 쉬운 상대입니다.

제가 우려하는 점은 미국의 적대국들이 안전 보장에 대해 트럼프가 무지함을 알고 이를 악용하여 트럼프에게 이익처럼 보일 만한 것들을 다방면으로 준비하고 있다는 사실입니다.

트럼프가 자칫 그들의 계략에 걸려든다면 이로 인해 발생하는 막대한 불이익은 최종적으로 미국만 안는 게 아닙니다. 러시아와 긴장 관계에 있는 유럽 각국, 그리고 중국·북한과 대치하고 있는 한국과 일본에도 커다란 피해를 줍니다.

트럼프는 자신이 김정은과 좋은 인간관계를 맺고 있으니, 미국과 북한도 좋은 관계 속에 있다고 착각하고 있습니다.

하지만 이는 명명백백한 오류지요.

인간관계에는 아무런 의미가 없다고 말하려는 게 아닙니다.

다만 인간관계로 국가 간의 관계가 결정되는 일은 결코 없습니다.

법무부가
위험하다

트럼프가 대통령에 당선되면 그가 미국에 가지고 올 혼란이 저는 무엇보다 우려스럽습니다.

트럼프는 그야말로 혼란을 몰고 오는 사람이라 1기 정부에서 일어난 일이 반복되는 데서 그치지 않고 훨씬 심각한 일이 일어날 가능성도 있어 보입니다.

가장 위험한 곳이 법무부입니다.

트럼프가 지속적으로 압박을 넣을 가능성이 있기 때문이지요. 트럼프라면 법적 근거가 없더라도 "그냥 기소해버려"라고 명령할 게 뻔합니다.

이에 대해 법무 장관은 어떻게 대응할까요.

트럼프는 사법 제도 자체를 흔들 가능성이 큽니다. 국방부와 CIA와 같은 첩보기관이나 FBI 등에 트럼프가 위법적인 명령을 내린다면 참으로 난감한 상황이 벌어질 것입니다.

그가 과연 어떤 혼란을 가져올지 지금 시점에서는 전혀 예측 불가입니다.

1기 때에도 트럼프는 여러 제도를 들쑤셔놓았는데 아마 2기 때에도 마찬가지겠지요. 1기 때 입은 피해는 대부분 복구할 수 있었지만 2기 때에도 이전처럼 복구가 가능할지는 미지수입니다.

트럼프는
독재자가 될 것인가

트럼프는 권력의 폭주를 억제하기 위한, 민주주의 체제 내에 존재하는 규칙과 제한들에 대해 부정적인 입장을 가지고 있습니다. 푸틴과 시진핑에게는 그러한 제한이 없기 때문에 그들을 칭찬하고 있지요.

트럼프에게는 '나라를 위해서'라는 발상이 없습니다. 항상 자신에게 무엇이 이익인지만을 생각합니다.

하지만 트럼프가 미국의 헌법과 제도에 치명적인 위협이 되리라고는 생각지 않습니다. 그는 독재자가 될 만큼 영리하지 않기 때문이지요. 그리고 미국의 헌법과 제도는 생각보다 매우 탄탄합니다.

그럼에도 트럼프가 돌아오면 4년간 커다란 시련이 닥칠 것입니다. 우리는 트럼프가 중요한 제도를 파괴하지 못하도록 막아내야 합니다. 저는 우리 '공화국'이 트럼프를 견뎌낼 만큼 충분히 강인하다고 봅니다.

John Bolton

Chapter 8

새로운 전쟁은
어디에서 터질 것인가

자크 아탈리
Jacques Attali

●

1943년 출생. 유럽 최고의 석학으로 인정받고 있는 프랑스의 미래학자이자 경제학자, 작가이다. 정치·경제·문화·역사를 아우르는 지식과 통찰력으로 사회 변화를 예리하게 전망하는 것으로 유명하다. 미국의 미래학자 앨빈 토플러는 "아탈리는 재기와 상상력, 추진력을 겸비한 세계에서 유례를 찾기 힘든 지식인이다"라고 평하기도 했다. 프랑스 국립행정학교를 졸업하고 파리 도핀 대학교에서 경제학 박사 학위를 취득했다. 프랑수아 미테랑 대통령의 정책 고문과 유럽부흥개발은행 초대 총재 등의 요직을 역임했다. 경제뿐 아니라 정치·사회·문화 등 다양한 주제로 수많은 논설을 써왔으며, 지금까지 소련 붕괴와 금융 위기, 트럼프 정권의 탄생 등을 예측했다. 주요 저서로는 《생명 경제로의 전환》, 《자크 아탈리의 미래 대예측》, 《교양인이 알아야 할 음식의 역사》, 《미래의 물결》, 《교육의 초 인류사》 등이 있다.

●

자크 아탈리는 프랑수아 미테랑 대통령의 정책 고문을 10년간 맡아왔으며 유럽부흥개발은행 초대 총재로서도 활약했다. 국제 협력 단체 포지티브 플래닛을 비롯한 네 개의 국제기관 설립에 참여한 그는 확고한 유럽 통합 추진파로도 유명하다.

2016년에 출간한 저서 《자크 아탈리의 미래 대예측》에서는 러시아의 우크라이나 침공을 완벽하게 예측했다. 나아가 세계대전이 일어날 가능성은 얼마든지 있다는 사실을 저서와 다양한 논설 등을 통해 여러 차례 발언해왔다.

오래전부터 미국이 유럽에서 발을 뺄 것이라고 예측해왔던 아탈리는 미일 동맹에 의존해온 일본에게 경계하라는 메시지를 던졌다.

3차 세계대전의
발단

예전부터 저는 3차 세계대전이 일어나는 네 가지 계기에 대해 언급해왔습니다.

우선 그중 두 가지는 이미 일어나고 있습니다. 러시아와 우크라이나의 전쟁, 그리고 가자 지구에서 일어나고 있는 이스라엘과 팔레스타인 간의 전쟁이지요.

세 번째가 중국과 대만의 충돌입니다. 중국이 대만을 공격하면 일본은 전쟁에 직접적으로 연루될 것입니다.

그리고 네 번째가 한국과 북한 사이에서 일어나는 전쟁입니다.

전쟁은 일단 시작되면 중단시키기가 매우 어려워서 3차 세계대전이 일어나지 않도록 막는 것이 무엇보다 중요합니다. 이를 위해서는 가능하면 해당 지역 안에서 분쟁이 해결되도록 하여 강대국이 개입하지 않는 것이 최선입니다.

위기가 현실이 될 때
미국은 어디까지 개입할 것인가

트럼프가 복권하면 일본에 방위비 증액을 요구할 것입니다. GDP의 2%로는 턱없이 부족하기 때문이지요.

또한 많은 전문가는 트럼프가 돌아오면 미일 동맹이 위기에 처할 것이라고 합니다.

하지만 아무리 트럼프가 대통령의 권한을 사용한다 해도 미일 동맹을 독단적으로 내버릴 수는 없습니다. 따라서 그가 정권을 쥔다 해도 처음에는 그렇게 큰 변화가 일어날 것 같지는 않습니다.

그렇다면 만일 북한이 일본을 직접 공격하거나, 중국이 대만을 공격한다면 미국은 일본을 도와줄까요.

미국은 원래대로라면 미일 안보 조약을 존중하여 일본을 도와야만 합니다. 하지만 트럼프 정권의 경우 어느 정도까지 도와줄지 모릅니다. 따라서 위기가 닥칠 가능성이 있습니다.

유럽의 안전 보장에는
커다란 위기가

지금 유럽의 안전 보장은 두 가지 우려 및 위기를 안고 있습니다.

우선 첫 번째는 러시아가 일으킨 우크라이나 전쟁입니다. 리시 수낵 전 영국 총리는 2024년 4월 연설에서 '전시 체제(war footing)'라는 말을 사용했습니다. 영국만이 아니라 우크라이나 전쟁을 계기로 방위비를 올려야 한다는 결론에 도달한 리더가 늘고 있습니다.

바이든 정권하에서 우크라이나 지원이 몇 개월간 보류되는 동안 유럽 각국은 그 공백을 메우기 위해 필사적으로 노력했습니다. 2024년 3월 유럽연합(EU)의 샤를 미셸 상임의장은 "평화를 바란다면 전쟁에 대비해야 한다", "EU가 철저하게 대응해 우크라이나에 충분한 지원을 제공하여 러시아를 저지하지 않으면 다음은 우리 차례가 될 것이다"라고 말하며 방위비를 둘러싼 사고방식의 패러다임 전환을 요청했습니다.

하지만 유럽에는 미국의 중대한 역할(critical role)을 넘겨받아 이어갈 만큼 무기가 비축되어 있지 않습니다.

유럽 각국이 방위비를 늘리기 위해서는 경제적인 면에서 전쟁을 우선순위로 두는 커다란 변화가 필요하지요.

러시아와 가까운 폴란드와 핀란드 그리고 발트해 3국(에스토니아, 리투아니아, 라트비아)에는 방위비 증액의 필요성을 설명할 필요도 없었습니다. 하지만 이보다 서쪽에 있는 나라들은 설득하는 데 시간이 많이 걸렸지요. 수낵 전 총리는 폴란드를 방문했을 때 NATO의 사무총장도 함께 있는 자리에서 영국의 방위비를 NATO의 목표액인 GDP 대비 2%보다 많은 2.5%로 올리겠다고 발표했습니다. 그리고 3일 후 프랑스 마크롱 대통령은 무기 생산을 강화해야 한다고 말했지요.

하지만 유럽 대륙을 '진짜 전시 체제(real war footing)'로 전환하기란 그리 쉽지 않습니다.

유럽 경제는 아직 2008년에 일어났던 리먼브라더스 쇼크라는 세계적인 금융 위기와 코로나 팬데믹에서 완전히 벗어나지 못했기 때문입니다.

방위비를 늘린다는 것은 이미 자금난에 시달리고 있는 국가 내 우선 사항들을 해결하기 위한 돈이 더욱 줄어듦을 의미하지요.

유럽 방위비의 대부분은
미국으로

지금 유럽 각국의 리더들이 바라는 것은 유권자들이 오랫동안 국가 방위에 투자하지 않았음을 후회하고 이를 교훈 삼아 하루빨리 생각을 바꾸는 것입니다. 하지만 저는 이 말이 생각나네요.

"진정한 평화를 위한 배당금은 쉽게 말해 평화뿐이다(The only real peace dividend is, quite simply, peace)."

영국의 마거릿 대처가 수상직에서 물러난 다음 해인

1991년에 워싱턴에서의 점심 식사 자리에서 한 말입니다. '평화를 위한 배당금'이란 '군사비를 축소하여 남은 돈을 평화적인 목적으로 쓰는 것'을 말하지요.

현재 유럽 각국에서 늘린 방위비의 대부분은 미국에서 제조한 무기를 사들이는 데 쓰이고 있습니다. 따라서 유럽의 방위비 증액은 미국에 큰 이익이 되고 있지요.

유럽이 유럽의 군사 산업을 위해 돈을 쓰는 것은 공정하지만 미국의 군사 산업을 위해 돈을 쓰는 것은 결코 공정하지 않습니다.

우크라이나 전쟁과 함께 유럽에 닥친 또 하나의 커다란 문제는 11월에 치러질 미국 대통령 선거입니다. 만일 트럼프가 돌아오면 유럽 대륙은 안전 보장을 더 이상 미국에만 의존할 수 없게 되면서 큰 위기에 직면할 것입니다.

그렇기에 더욱더 유럽은 미국이 아닌 자신들의 방위 산업에 투자해야만 합니다.

민주주의

국가의 대재앙

트럼프는 자신이 지금 대통령이라면 24시간 안에 우크라이나 전쟁을 끝낼 수 있다고 단언했습니다.

이는 트럼프는 러시아가 전쟁에서 승리하길 바란다는 것을 의미합니다. 미국의 우크라이나에 대한 지원은 어마어마한 규모여서 이를 중단하면 우크라이나는 더는 버티지 못하고 전쟁에서 지고 말 것입니다.

또한 트럼프는 푸틴의 친구이므로 그가 대통령에 재선되면 서방 제국과 민주주의 국가들, 그리고 유럽에 커다란 재앙(disaster)이 될 것입니다.

다만 한 가지 좋은 점이 있습니다.

이제 유럽이 다른 나라에 의존하지 않고 스스로 국익을 지켜야만 한다는 일종의 경고 신호(wake-up call)로 작용할 수 있다는 점입니다.

미국이 NATO에서 탈퇴할 가능성도 있지만 만일 탈퇴하지 않더라도 미국은 NATO 조약 제5조를 지키지 않을지도 모롭니다. 제5조는 집단적 안전 보장을 규정하고 가맹국은 다른 가맹국이 공격받았을 때 그 나라를 방위할 의무가 있다는 내용입니다. 가령 러시아가 라트비아나 폴란드를 공격할 경우 미국은 이 나라를 보호할 의무가 있습니다. 하지만 트럼프라면 조약을 지키지 않고, 보호해주지 않을 가능성도 있지요. 그러면 이는 NATO의 종언을 의미하며 유럽은 이제 독자적인 방위 체제를 갖춰야 한다는 압박을 받게 될 것입니다.

언제가 됐든
미국은 유럽에서 발을 뺄 것이다

미국이 NATO에서 탈퇴하면 세계는 대혼란에 빠질 것이라고 보는 전문가도 있지만 제 생각은 다릅니다.

또한 국제 질서(international order)가 어떻게 변할지에 대한 질문도 자주 받습니다만, 애초에 지금은 국제 질서라는 게 존재하지 않습니다. 국제적인 혼란(international chaos)만 있을 뿐이지요. 따라서 미국이 NATO에서 탈퇴한다 해도 혼란스러운 상태는 변함이 없을 것입니다.

언제인지는 알 수 없지만 미국이 유럽에서 발을 뺄 것임은 자명한 일입니다. 언젠가 미국 대통령은 "유럽은 이제 미국에 도움이 되지 않으므로 배제한다"라고 말하겠지요.

그전에 유럽은 미국의 군사 시스템에 의존하지 않는 군사 통합을 이뤄내야 합니다. 그러지 않으면 진짜 적국과 가상의 적국으로부터 자국을 지킬 자가 아무도 없는 상황에 빠지고, 후회해봤자 때는 이미 늦은 상태가 되어버립니다.

미국은 누가 대통령이 되든 고립주의로 나갈 것입니다. 트럼프 이전부터 그랬고, 오바마가 대통령이었던 시절에도 그랬습니다.

따라서 유럽도 일본도 미국에 의존하지 말고 자국을 스스로 지켜야 한다는 점을 명심해야 합니다.

프랑스는
미국과 전쟁을 한 적이 없다

미국과 프랑스는 세계의 수많은 나라와 전쟁을 해왔지만, 정작 미국과 프랑스가 직접 서로를 향해 총을 겨눈 적은 없습니다. 그러한 의미에서 두 국가는 매우 친밀한 관계라고 할 수 있지요. 하지만 아무리 친밀한 관계에 있더라도 프랑스는 안보 분야에서 미국에 의존하지 말고 독립해야 합니다.

이러한 판단은 결코 새로운 발상이 아닙니다. 1967년 NATO 본부가 파리에서 브뤼셀로 이전하게 되었을 때 드골이 한 말이지요. 그는 '프랑스의 존속을 위하여 외국에 의존해서는 안 된다. 프랑스는 어떠한 외국의 압력에도 종속되어서는 안 된다'는 신념을 가지고 있었습니다.

그래서 프랑스는 오래전부터 지속적으로 유럽이 미국으로부터 벗어나 스스로 국방과 안보의 틀을 확립해야 함을 강하게 주장해온 것입니다.

프랑스는 핵무기를 보유한 나라입니다. 프랑스는 핵무기와 핵 잠수함을 유지하는 데 미국의 도움을 받고 있지 않습니다. 이 점이 영국 군대와는 다르지요.

트럼프는
북한을 도울 것이다

북한은 미국을 속이면서 핵무기를 개발해왔습니다.

클린턴 정권이 1994년에 북한과 체결한 북미 제네바 기본 합의는 북한의 핵 개발 프로그램을 동결시키고 최종적으로는 폐기시키는 것이 목적이었습니다. 하지만 실제로 북한은 핵 개발 프로그램을 동결시키지 않았지요. 그때 미국이 북한에 속지 않고 그들의 의도를 간파했더라면 북한을 파멸시킬 수도 있었을 것입니다.

트럼프는 대통령 1기 때 북한과 대화하려고 했는데 아마도 그가 대통령으로 돌아온다면 또다시 같은 실수를 저지를 것입니다. 트럼프가 아는지 모르는지는 모르겠지만 그는 북한이 자유롭게 핵을 개발하도록 놔두고 있습니다.

게다가 바이든은 북한에 대해 그 어떤 조치도 내리지 않고 있습니다.

러시아도 중국도 북한의 핵 개발을 저지하기 위한 그 어떤 노력도 하지 않고 있지요.

북한이 일본을 향해 저지르고 있는 최근의 도발을 그냥 두고 넘겨서는 안 됩니다. 북한이 계속해서 핵무기를 개발하면 언젠가는 일본을 공격할 가능성도 있습니다.

프랑스에 다가가는 중국

트럼프든, 민주당 후보자든 누가 대통령이 되어도 미국의 중국에 대한 태도는 더욱 엄격해질 것입니다.

중국 시진핑 국가주석은 지난 5월에 프랑스를 방문했습니다.

그가 프랑스를 방문한 진짜 목적은 프랑스가 중국의 정책에 어떻게 반응할지 살피기 위해서였지요. 또한 장래에 프랑스가 중국과 사이가 나빠져서 싸우게 될 경우를 대비해 프랑스가 어느 정도의 힘을 가졌는지 알아보기 위해서였다고 생각합니다.

트럼프가 재선되면 프랑스를 비롯한 유럽 각국과 중국의 관계는 악화될 것입니다. 그때를 대비해서 중국이 프랑스를 가까이에 두려는 의도도 있었겠지요. 특히 프랑스는 미국에 비판적이기 때문에 그 상황을 틈타 기회를 엿보려는 것입니다.

하지만 시진핑에게 프랑스는 그리 호락호락한 나라가 아닙니다.

독일은 중국에 많은 물자를 수출하면서 크게 의존하고 있습니다. 즉, 중국은 독일에 대한 영향력(leverage)을 가지고 있지요. 반면 프랑스는 독일과는 전혀 다른 상황입니다.

시진핑은 프랑스에 이어서 세르비아를 방문했습니다. 그곳에서 부치치 대통령과 회담하고 앞으로 양국의 무역과 인적 교류를 확대하는 등 관계를 더욱 강화하겠다는 공동 성명에 서명했지요.

또한 시진핑은 5월 8일부터 3일간 헝가리에도 방문했습니다. 헝가리 측에서는 항상 중국과 상호 존중을 기반으로 한 우호 관계를 유지하고 있음을 강조하면서, 지난 20년간 양국의 경제 관계 발전을 치하했습니다. 중국과 헝가리의 대외 무역액은 지난 12년간 4배로 증가했습니다. 또한 중국은 2023년 헝가리의 가장 큰 대내 직접투자 상대국이었지요. 헝가리는 중국에 있어서 '트로이 목마'와도 같은 나라로, 유럽에서 중국의 안테나와 같은 역할을 하고 있습니다. 중국 기기 제조업의 일대 거점이기도 하지요.

시진핑은 트럼프가 돌아올 것에 대비해 미리 유럽 각국과 관계를 강화해두고 있습니다.

이번 유럽 방문은 트럼프 재선을 염두에 둔 대책이라고 봐도 좋을 것입니다. 그 대책의 일환으로서 중국이 지금 펼치려는 전략은 세계 각국을 가능한 한 중국에 의존시키는 것입니다. 중국에는 희토류(전기자동차, 전투기, 휴대전화, 배터리 등 첨단 제품 생산에 필수적인 원자재-옮긴이)와 태양 전지판과 같은 많은 물자가 있으므로 여기에 다른 나라들을 의존시키려는 속셈이지요.

따라서 프랑스는 중국에 의존하지 않도록 최대한 모든 방법을 동원해야 한다고 생각합니다.

고립주의 정책과
보호무역주의로

미국에서는 틱톡(중국계 동영상 공유 플랫폼)이 1년 이내에 사업

권을 매각하지 않으면 국내에서 추방하겠다는 법안에 바이든이 서명했습니다. 틱톡은 중독성이 매우 강한 위험한 약물과도 같아서 유럽에서도 적극 추방해야 마땅합니다.

또한 중국의 AI가 지닌 영향력에도 우리는 매우 신중해야 합니다.

중국이 자국의 값싼 자동차로 유럽 자동차 산업을 파괴하고 있다는 점도 커다란 문제입니다. 독일은 중국과 파트너십을 맺고 중국에서 자동차 개발에 착수하고 있기 때문에 유럽이 중국제 자동차에 높은 관세를 부과하면 독일 산업에도 타격을 주는 격입니다. 그럼에도 우리는 국내 자동차 산업을 보호하기 위해서 관세를 올릴 수밖에 없습니다.

바이든 대통령은 지난 5월 14일 중국제 EV에 100% 관세를 부과하겠다고 발표했습니다. 지금까지는 25%였으니 4배가 된 셈이지요. 이는 선거 대책의 일환으로 봐야 할 것입니다. 민주당이 주력하고 있는 격전지 세 곳 중, 미시간주에는 자동차 산업이 집중되어 있다는 점과 펜실베이니아주는 철강 생산의 중심지라는 점을 염두에 둔 것이지요.

한편 트럼프는 재선하면 모든 중국 제품에 60% 이상의 추가 관세를 부과하겠다는 생각을 내비쳤습니다.

트럼프든 민주당이든 미국은 고립주의 국가로서 보호무역 주의로 나갈 것입니다. 그리고 트럼프가 대통령 자리로 돌아온다면 이는 세계에 커다란 재앙(disaster)이 될 것입니다. 고립주의 정책만이라면 다행이지만 그는 미국 국내에서도 인권과 민주주의를 위기로 몰아가고 사법 제도를 약화시킬 것이며, 여성의 권리를 침해하고 세계의 민주주의 국가에 대한 미국의 지원 예산을 대폭 삭감할 것이기 때문입니다.

쿠데타가 일어나도
이상하지 않다

사법 제도를 약화시킴으로써 트럼프 정권은 독재 정치에 더욱 가까워지고 공화제 미합중국은 종언을 맞이할 것입니다.

실제로 트럼프는 하룻밤 사이에 쿠데타를 일으키고 싶다고 말하기도 했지요.

그는 좋은 뜻에서든 나쁜 뜻에서든 자신이 한 말은 꼭 지키는 사람이어서 그가 내뱉은 말에는 반드시 주의가 필요합니다. 가볍게 넘겨서는 안 되지요. 그저 말뿐일 때도 있지만 그의 발언에는 겉으로 드러난 의미 말고도 다른 속뜻이 숨겨져 있을 때가 많습니다.

미국은 구미 제국 중에서 유일하게 쿠데타를 경험하지 않고서 민주주의 국가가 된 나라입니다.

영국만 해도 몇 세기 전에 쿠데타를 경험했었지요. 독일, 프랑스, 이탈리아, 스페인 모두 쿠데타를 겪었습니다.

미국에도 이제 쿠데타가 일어나도 이상하지 않은 시기가 온 것인지도 모르겠습니다.

중국의
야심

만일 제가 미국인이라면 트럼프에게는 투표하지 않을 것입니다.

트럼프는 미국의 분열을 심화시키고 각종 격차를 더욱 벌려 놓을 것이기 때문입니다. 또한 성공할지는 미지수지만 이민자들이 들어오지 못하도록 막을 테고, 그렇게 되면 국가의 적자는 더욱 큰 폭으로 늘어나 파국으로 치달을지도 모릅니다.

마지막으로 일본과 한국을 비롯한 동북아시아의 주요 국가들에게는 "대만에서의 전쟁에 대비하라"는 말을 전하고 싶습니다. 중국의 입장에서 대만은 자국의 일부입니다. 중국은 대만을 차지하려는 야심을 절대 꺾지 않을 것입니다. 주변 환경을 제어하기 위해서 한반도와 베트남, 일본까지 통제하려 들지도 모릅니다. 다시 말하지만 트럼프 2.0의 시대에서 북한발 혹은 중국발 전쟁이 일어날 경우 미국이 적극적으로 개입해 상황을 개선시킬 가능성은 희박합니다.

새로운 세상에 적응하기 위한 8가지 제언

트럼프 2.0 시대에서 세상은 어떻게 달라질까. 이러한 질문을 가지고 다각적으로 진행된 인터뷰를 정리한 것이 이 책이다.

뉴스를 접하다 보면 트럼프는 대통령 자리에 전혀 어울리지 않는 인물처럼 느껴진다. 하지만 트럼프 정권 시대에는 적어도 우크라이나 전쟁이나 가자 지구에서의 전쟁만큼은 일어나지 않았다.

6장에서 등장했던 컬럼비아대학교 교수 제프리 삭스도 "바이든의 외교 정책은 완전히 실패했다"고 말한다. 러시아와 우크라이나 전쟁을 '민주주의 대 독재주의의 전쟁'이라고 보는 바이든은 미국의 패권을 신봉하며 자신들은 선, 중국·러시아·이란은 모두 악이라고 생각하는데, 이는 지극히 단순한 관점이라고 일축한다. 바이든의 외교 정책은 세계를 더 분열시키고 세계 전쟁의 위험을 높였으며, 핵전쟁이 발발할 가능성도 키웠다는 것이다.

민주주의는
위기에 처할 것인가

트럼프가 대통령이 되면 미국은 권위주의에 빠질 것이라고 주장하는 사람은 많다.

4장에 등장하는 폴 댄스가 총책임자인 '프로젝트 2025'는 트럼프가 대통령으로 돌아왔을 때 정권 이행을 순조롭게 하기 위한 구상이지만, 독재주의로 가는 길이라고 비난하는 전문가도 많다. 트럼프 자신은 이 프로젝트와 거리를 두고 있지만 실제로 대통령에 당선되면 이 계획이 어느 정도 유용했는지가 증명될 것이다.

대통령의 권한은 막대하다고 생각하는 사람이 많지만 대

통령은 법안 제출권을 가지고 있지 않아서 공약으로 내걸었던 정책을 자신의 생각대로 실현시키기가 쉽지 않다. 미국 대통령이 가진 권한은 일본 총리에 비하면 미약하다고 해도 과언이 아닌 셈이다. 바이든이 대통령에 취임했을 때 트럼프가 해온 일들을 행정명령으로 취소해버린 것은 아직도 기억에 생생하다. 또한 대통령의 행정명령도 절대적이지 않으며 미국 연방 대법원에 의해 효력이 부정되기도 한다. 오바마가 내렸던 DAPA라는 행정명령(미국 시민권자 및 영주권자 자녀를 둔 불법 체류자 부모의 추방을 유예해 주는 제도)도, 바이든 정권의 학자금 대출 탕감 정책도 대법원에서 위법 판결을 내린 바 있다.

과연 트럼프가 돌아오면 독재주의가 부활할까. 7장에서 등장하는 과거 국가안전보장회의 보좌관이었던 존 볼턴은 "트럼프는 독재자가 될 만큼 영리하지 못하며, 미국의 헌법과 제도는 생각보다 매우 탄탄하다"고 말한다.

트럼프에게 부는
순풍

미국의 주류 미디어는 원래부터 민주당 편이어서 트럼프가 얼마나 대통령에 걸맞지 않은지에 대해 연일 외쳐댔다. 하지만 6월 27일 바이든과 트럼프의 TV 토론회가 끝나자 모든 주류 미디어는 더 이상 바이든을 옹호하지 않았고, 일제히 바이든 시대는 이제 끝났다는 태도로 돌변했다.

또한 연방 대법원은 7월 1일, 트럼프가 2020년 대통령 선거의 패배를 뒤엎으려 했던 죄로 기소된 건에 대해 재직 중에 벌어진 공적인 행위에는 '면책 특권'을 인정한다는 판단을 내렸다. 단, 사적인 행위에 대해서는 면책 특권을 적용할 수 없으므로 어디까지 면책을 적용시킬지 그 범위를 판단하도록 사건을 하급심 재판부로 넘겼다.

자유주의 판사 세 명은 이에 강하게 반발하며 '미국 민주주의에 깊은 우려'를 표명했다. 소니아 소토 마요르 대법관은 "바야흐로 대통령이 법 위에 군림한 왕이 되었다"라고 말하며 분노를 감추지 않았다. 반면 존 로버츠 대법원장은 "대통령은 비공식적 행위에 대해서는 면책권을 누릴 수 없으며, 대통령의 모든 행동이 공식적인 것도 아니다. 따라서 대통령은 법 위에 있지 않다"라고 설명했다.

그뿐만 아니라 플로리다주 지방법원에서는 15일, 트럼프가 퇴임 시 정부 기밀문서를 불법으로 유출했다는 사건과 관련하여 특별 검사를 임명한 사실은 헌법 위반이라 판단, 검찰 측 기소를 기각했다. 기각 결정이 내려진 것은 트럼프와 관련된 네 가지 소송 중 하나로, 성 추문 입막음을 위한 돈을 부정 처리했다는 혐의에 대해서는 지난 5월 유죄 평결이 내려졌다. 하지만 트럼프 측에서 불복을 주장하고 있어서 이 역시 평결이 무효로 처리될 가능성이 매우 크다. 어찌 됐든 대법원의 면책 특권 인정 및 기밀문서 유출에 대한 기소 기각과 같은 일련의 흐름이 트럼프에게 순풍으로 작용하고 있음은 명백하다.

그리고 트럼프는 현지 시각으로 7월 13일에 동부 펜실베이니아주 버틀러에서 열린 유세 현장에서 총격을 당했다.

이 암살 미수 사건이 대통령 선거의 자웅을 결정하는 격전지 중에서도 가장 중요한 펜실베이니아주에서 일어났다는 사실은 앞으로의 선거전에 막대한 영향을 미칠 것이다. 모든 상황이 트럼프에게 유리하게 움직이는 듯 보이지만 늘 그래왔듯이 선거 전에 무슨 일이 일어날지는 아무도 알 수 없다.

그리고 15일, 트럼프는 중서부 위스콘신주 밀워키에서 열린 공화당 전당대회에서 정식으로 대통령 후보로 지명되었고, 부대통령 후보로는 J.D. 밴스 상원의원(오하이오주)을 지목했다. 밴스의 자서전《힐 빌리의 노래》는 2016~2017년 2년 동안 〈뉴욕타임스〉 베스트셀러 랭킹에 오른 바 있다. 더욱 흥미로운 점은 과거 밴스는 트럼프를 미국의 히틀러라고 비방했다는 사실이다.

7장에 등장하는 존 볼턴과 인터뷰를 하기 위해 워싱턴DC로 갔을 때, 사실 밴스의 자택에도 찾아갔었다. 안타깝게도 부재중이었지만 나에게는 트럼프가 밴스를 부통령으로 지목하리라는 확신에 가까운 예감이 있었다.

바이든은 결국 스스로 민주당 후보에서 물러나겠다는 의사를 표명하고 카멀라 해리스 부통령에게 배턴을 넘겼다. 그녀의 정책은 바이든과 거의 일치하지만 실적이 거의 없고 미지수인 부분이 많다. 게다가 해리스는 2020년 민주당 대통령 후보 경선에서 선거 자금 부족을 이유로 사퇴한 적이 있기 때문에,

이번에 만약 일반적인 선출 과정을 거쳤다면 살아남기 힘들었을지도 모른다.

여러 가지 정황으로 보건대 미국과 전 세계는 트럼프의 시대를 다시 맞이하게 될 것이다. 역사는 반복된다고 하지만 다시 한번 다가올 트럼프의 시대, 즉 트럼프 2.0의 세상은 이전과는 다를 것이다. 그렇다면 무엇이 어떻게 바뀔 것인가? 나는 이 책에 새로운 세상에 대비하기 위한 의미 있는 제언이 담겨 있다고 자신 있게 말할 수 있다.

오노 가즈모토

옮긴이 이정미

성균관대학교 신문방송학과를 졸업한 뒤 일본 도서 번역 및 기획을 하고 있다. 바른번역에서 일어 출판 번역 전 과정을 수료했으며, 제22회 한국번역가협회 신인번역장려상을 수상했다. 옮긴 책으로는 《교양으로 읽는 서양음악사》, 《세상의 모든 이야기는 신화에서 시작되었다》, 《70세의 정답》, 《알아두면 돈이 되는 브랜딩》, 《프로세스 이코노미》 등이 있다.

초예측
트럼프 2.0
새로운 시대

1판 1쇄 발행 2024년 12월 30일
1판 2쇄 발행 2025년 1월 17일

지은이 유발 노아 하라리, 폴 크루그먼, 짐 로저스 외 5인
엮은이 오노 가즈모토
옮긴이 이정미
펴낸이 김기옥

경제경영팀장 모민원
기획 편집 변호이, 박지선
마케팅 박진모
지원 고광현, 임민진
제작 김형식

디자인 푸른나무디자인
인쇄·제본 민언프린텍

펴낸곳 한스미디어(한즈미디어(주))
주소 04037 서울특별시 마포구 양화로 11길 13(서교동, 강원빌딩 5층)
전화 02-707-0337 | **팩스** 02-707-0198 | **홈페이지** www.hansmedia.com
출판신고번호 제 313-2003-227호 | **신고일자** 2003년 6월 25일

ISBN 979-11-93712-82-5 (03340)